Jesus Christus

ISBN 3-9805688-4-9

Veröffentlicht im Thomas Schatten Verlag, Düsseldorf, 1998
Verlagsauslieferung: LKG, Leipzig
Druck und Bindung: Franz Spiegel Buch GmbH, Ulm
Printed in Germany

Thomas Schatten

Jesus Christus

Eine Nacherzählung des Evangeliums

Thomas Schatten Verlag

I

Meine geliebten Schwestern und Brüder im Herrn!
Ich, Simon aus Kafarnaum in Galiläa, der ich von Jesus Christus den Beinamen Petrus erhalten habe, grüße euch und segne euch im Namen Gottes, des Vaters, des Sohnes und des Heiligen Geistes.
Ich schreibe euch diese Zeilen in den letzten Stunden meines irdischen Lebens. Zusammen mit vielen Getauften der römischen Gemeinde befinde ich mich als Gefangener des Kaisers Nero in den Verließen seines vatikanischen Zirkus. Hier erwarten wir den Beginn der grausamen Spiele, bei denen wir alle hingerichtet werden sollen.
Um unseres Glaubens willen werden wir ermordet werden und also auch darin unserem Herrn nachfolgen. So wie er sind auch wir verleumdet worden, und so wie er sein Kreuz auf sich genommen hat in der Zuversicht, daß er auferweckt werde, so werden auch wir unser Martyrium auf uns nehmen, in der Zuversicht, bald in Ewigkeit mit ihm vereint zu sein.
Laßt mich euch aber berichten, wie es dazu gekommen ist, daß so viele von uns nun diesem Schicksal entgegensehen. Wahrscheinlich habt ihr schon davon gehört, daß Rom ein Opfer des Feuers geworden ist. Neun Tage wütete hier ein Flammenmeer und zerstörte fast ein Drittel der riesigen Stadt. Hunderte Menschen starben, tausende erlitten schlimme Verletzungen, verloren ihr Obdach und ihr Vermögen. Doch nicht nur Trauer und Verzweiflung, sondern vor allem Wut erfaßte die Opfer dieser Katastrophe, denn es war offensichtlich, daß das Feuer nicht von selber ausgebrochen ist, sondern absichtlich gelegt wurde.
Schnell geriet Kaiser Nero in den Verdacht, er habe diese Brände befehlen lassen, um das alte Rom zu zerstören und eine neue Stadt nach seinen eigenen Plänen zu errichten. So wandte sich der Zorn des Volkes gegen ihn und ein Aufstand lag in der Luft. Tag und Nacht bewachte die Prätorianergarde den kaiserlichen Palast, während Nero selber, um den Unmut der Menschen zu besänftigen, sich als Wohltäter gebärdete, anordnete, den Brotpreis zu senken sowie Notunterkünfte für die Obdachlosen zu errichten.
Doch die Stimmen, die ihn für die Brände verantwortlich machten, wollten nicht verstummen. Daher ließ der Kaiser das Gerücht in Umlauf bringen, wir, die Christen seien es gewesen, die die Feuer ent-

facht hätten, und kündigte an, uns bei einem großen Schauspiel auf blutrünstige Weise hinrichten zu lassen.
Da die anfangs sehr gegen ihn aufgebrachten Römer mittlerweile hatten einsehen müssen, daß sie ihren Kaiser nicht stürzen konnten, und da sich die meisten von ihnen durch seine Hilfsmaßnahmen und das in Aussicht gestellte Spektakel mehr und mehr hatten besänftigen lassen, gab es nun viele, die dankbar waren, einen Sündenbock präsentiert zu bekommen, an dem sie endlich ihre Wut auslassen konnten.
Und so kam es, daß in den nächsten Tagen hunderte von uns, die denunziert wurden, aber nicht fliehen oder sich verstecken konnten, von den Prätorianern nach ihrem Glauben befragt, plötzlich vor die Wahl gestellt waren, entweder den Herrn zu verleugnen und zu überleben, oder ihm die Treue zu halten und den sicheren Tod vor Augen verhaftet zu werden.
Einige haben es in dieser Situation vorgezogen, der Gewalt gegenüber eine Notlüge zu gebrauchen, zu behaupten, sie seien keine Christen, um so weiterleben zu können.
Ich tadele sie deswegen nicht und bitte euch, es ebenfalls nicht zu tun. Erinnert euch vielmehr daran, daß der Herr auch an mir, der ich ihn in der Nacht vor seinem Tode *dreimal* verleugnet habe, festhielt, ja, daß er mich sogar entsandte, euch die Frohe Botschaft zu verkünden.
So bitte ich also, daß ihr die Gemeinschaft mit jenen bewahrt, die in der Stunde der römischen Verfolgung nicht die Kraft gefunden haben, sich zu Christus zu bekennen.
Freut euch aber, da ihr so den Schwachen Barmherzigkeit erweist, um so mehr über die Stärke jener, die sich bereit fanden, eher zu sterben, als ihr Bekenntnis zum Auferstandenen zu verweigern. Denn sie werden vor aller Welt die Kostbarkeit des Evangeliums und die Kraft, die uns aus der Verheißung des ewigen Lebens erwächst, bezeugen. Solange die Worte des Herren bestehen bleiben, solange wird auch die Erinnerung an sie währen.

Mir, der ich euch diese Zeilen schreibe, war es, als Nero seine Beschuldigung hatte verbreiten lassen, wie auch vielen anderen aus der Gemeinde gelungen, den Verhaftungen durch die Prätorianer in sicherem Versteck zu entgehen. Von den Freunden, die mich verborgen

hielten, waren auch bereits Vorkehrungen getroffen, daß ich die Stadt unerkannt hätte verlassen können.
Doch meldete sich in diesen Stunden eine Stimme in mir zu Wort, die mich daran erinnerte, daß unser Herr, als seine Zeit gekommen, nicht geflohen war, sondern daß er mit seinem Tod das Zeichen gesetzt hat, das nur er auf diese Weise setzen konnte. Durfte dann also ich, den er zum Hirten seiner Herde berufen, mich davonmachen, während so viele, die mir anvertraut waren, sich in Gefangenschaft und Todesnot befanden?
Ich betete zu Gott, er möge meinen Geist erleuchten, auf daß ich die richtige Entscheidung träfe. Als die Freunde mir aber nun aus wohlwollender Sorge zuredeten, ich möge mich in Sicherheit bringen und ich kein anderes Zeichen erhielt, erachtete ich ihre Worte für Gottes Weisung und gab ihrem Drängen nach. So machte ich mich schweren Herzens auf den Weg und war bald an der Stadtgrenze angelangt.
Dort aber ereignete sich das Wunder, das mich zur Umkehr bewegte, denn dort vor den Mauern Roms begegnete mir die Gestalt unseres auferstandenen Herrn!
Sein Antlitz sah aus wie zu seinen Lebzeiten, doch strahlte es in himmlischer Verklärung. Auch von seinem Gewand ging ein überirdisches Leuchten aus, und die Wundmale seiner Kreuzigung trug er schön und glänzend wie Edelsteine.
Fassungslos vor Staunen und überwältigt vor Glück fiel ich vor ihm auf die Knie.
Zu meiner großen Verwunderung schien er mich jedoch gar nicht zu bemerken, sondern ging unverwandt auf die Stadt zu.
„Wohin gehst du, Herr?“, fragte ich ihn, da ich nicht wußte, was ich anderes hätte sagen sollen.
Er aber hielt inne, blickte mich an und antwortete: „Ich gehe nach Rom, um mich noch einmal kreuzigen zu lassen.“
Und mit einem Mal verstand ich! Die Stimme, die ich in mir vernommen und die mich zum Bleiben und Eintreten für die Gemeinde aufgefordert hatte, war seine, war Gottes Stimme gewesen, während ich mich einmal mehr vom sorgenvollen Denken der Menschen, von meiner eigenen Furcht hatte verleiten lassen, seine Worte nicht zu achten!
Sowie ich dies erkannte, entschwand der Herr auch schon wieder meinen Blicken und war nicht mehr zu sehen. Doch war mir in den weni-

gen Momenten, in denen er mir erschienen, klar geworden, was ich nun zu tun hatte. Froh und dankbar, daß ich Christus noch einmal in diesem Leben hatte sehen dürfen, kehrte ich unverzüglich in die Stadt zurück und eilte dem Forum zu. Nach dem Brand herrschte dort ein noch größeres Gedränge, als dies sonst schon der Fall war, und nur mühsam konnte ich mir einen Weg durch die Menge bahnen. Dann erklomm ich einen Mauervorsprung und begann zu den Menschen zu reden.

Ich erklärte ihnen, daß ich ein Christ sei, und daß nicht wir es waren, die die Stadt in Brand gesetzt hatten. Diejenigen, die mich hören konnten, waren verwirrt, da sie nicht wußten, ob dies nur ein Spaß war, oder ob sich hier wirklich jemand erdreistete, vor ihren Augen und Ohren den verfolgten Glauben zu bekennen.

Als ich jedoch begann, zu ihnen von unserem Erlöser zu sprechen, da begriffen sie, daß dies nicht zu ihrer Belustigung geschah, und viele von ihnen hörten mir verwundert zu, ja einige sogar mit großem Interesse.

Immer mehr Menschen blieben stehen, um meine Predigt zu vernehmen, doch befanden sich nun auch solche unter ihnen, die voller Haß gegen uns waren. Sie schrien laut, man solle mich fassen, und brachten die Zuhörer gegen mich auf.

Dann erkannte mich einer und rief: „Bist du nicht Petrus, der Anführer dieser Christen?“

Und diesmal, Schwestern und Brüder, anders als in der Nacht vor seiner Kreuzigung, verleugnete ich unseren Herrn nicht!

„Ja, ich bin Simon“, antwortete ich, „der von Jesus Christus den Beinamen Petrus erhalten hat. Er hat mich den Fels genannt, auf dem er seine Kirche aufbauen will. Deshalb hat er mich auch hierher nach Rom in die Hauptstadt eures Weltreiches geführt, damit ich vor euch und aller Welt Zeugnis für ihn ablege.“

Als sie dies hörten, lachten einige meiner Widersacher und andere wurden noch wütender.

Doch ich fuhr fort, zu den Menschen auf dem Forum zu sprechen: „Jesus Christus ist der Sohn des einen Gottes, der Himmel und Erde erschaffen hat. Er ist das fleischgewordene Wort Gottes, zu uns gekommen zu unserem Heil. Er hat sich nicht gescheut, Mensch zu werden wie wir, ja er ist sogar am Kreuz für uns gestorben. Der himm-

lische Vater hat ihn von den Toten auferweckt, uns allen zum Zeichen der Hoffnung. Ich habe den Auferstandenen gesehen und außer mir noch viele andere. Wir alle haben den Geist empfangen, der uns zu Kindern Gottes macht.“
Mittlerweile waren einige Männer der Prätorianergarde zu mir vorgedrungen, und bevor ich noch weitersprechen konnte, nahmen sie mich fest.
Sie brachten mich in diesen Kerker, wo ich nun mit den verhafteten Freunden aus der Gemeinde eingesperrt bin und gemeinsam mit ihnen das Martyrium erwarte.

Da ich Marcellus, einem getauften Römer und Mithäftling, diesen Brief an euch diktiere, tue ich dies in dem frohen Wissen, daß heute bereits überall auf dem Erdkreis, von seinem östlichen bis zu seinem westlichen Ende, christliche Gemeinden gegründet worden sind. Sie sind ins Leben gerufen worden durch jene, die unserem Herrn noch selber begegnet sind, wie auch durch eine neue Generation von Gläubigen, die durch das Zeugnis seiner Jünger zu ihm bekehrt wurden.
Viele eurer Gemeinden habe ich auf meinen Reisen kennengelernt, vor vielen von euch habe ich die Frohe Botschaft predigen dürfen.
Nun, da mir nur noch wenige Stunden geschenkt sind, möchte ich diese nutzen, zu euch, wo immer ihr auch leben möget, ein letztes Mal von unserem Herrn zu sprechen.
Marcellus wird alles, was ich zu sagen habe, niederschreiben. Und Crassus, einer der römischen Wachleute, der schon lange heimlich einer von uns ist, wird dieses Schreiben hinausschmuggeln zu jenen, die der Verfolgung entgangen sind, damit sie es abschreiben und euch zusenden können.
Bevor ich nun aber mit meiner Erzählung beginne, laßt mich euch noch bitten, daß ihr euch nicht zum Haß hinreißen laßt gegen jene, die uns hinrichten oder unsere Hinrichtung bejubeln werden. Erinnert euch vielmehr, wenn ihr an sie denkt, an die Worte, die Christus sterbend am Kreuz gesprochen hat: „Vater, vergib ihnen, denn sie wissen nicht, was sie tun.“
Denn dies, meine Lieben, ist die Wahrheit unserer Unvollkommenheit. Wir wissen nicht, was wir tun, weil unsere Augen und Ohren, weil unsere Herzen verschlossen sind. Doch wenn wir uns dem Wort Gottes

öffnen, wenn wir uns von seiner Güte und Barmherzigkeit erfüllen lassen, dann werden wir schon hier auf Erden den Anbruch des Himmelreiches erfahren. Dann wird alles, was uns ängstlich und böse sein läßt, von uns abfallen, und wir werden erfahren, welches Glück es bedeutet, Gottes Kinder zu sein.
Laßt mich euch also in der wenigen Zeit, die mir noch verbleibt, erzählen, wie ich unseren Herrn kennengelernt habe und wie ich seinen Weg begleiten durfte. Laßt mich euch erzählen von seinen wunderbaren Worten und Werken, von seinem Leidensweg, von seinem Tod und seiner Auferstehung. Hört das Evangelium unseres Herrn Jesus Christus, wie ich als sein Freund und Jünger es erleben und verkündigen durfte und wie ich es nun in geschriebene Worte fasse, damit das, was ich zu berichten weiß, auch nach meinem Tod vernommen werden kann.
Bittet auch alle anderen, die unseren Herrn gekannt haben und denen er erschienen ist, bittet alle, die sicheres Zeugnis von ihm haben, euch von ihm zu erzählen und von ihm zu schreiben. Denn die Ereignisse sind zu groß, als das sie von den Worten eines einzelnen Menschen erfaßt werden könnten.
Hört niemals auf, innerhalb wie auch außerhalb eurer Gemeinde, vom Herrn zu sprechen, denn nur in der Verkündigung bleibt sein Wort unter uns lebendig.
Er hat zu uns gesagt: „Wo zwei oder drei in meinem Namen beisammen sind, da werde ich mitten unter ihnen sein.“ So dürfen wir also darauf vertrauen, daß er auch nun gegenwärtig ist, da ich euch im Kreise der Freunde diesen Brief schreibe, und daß er auch bei euch sein wird, wenn ihr ihn gläubigen Herzens lest.
So hört denn die Frohe Botschaft! Nehmt sie auf mit eurem Geiste, bewahrt sie in eurem Herzen und verkündet sie durch eure Worte und Taten im Namen des Vaters, des Sohnes und des Heiligen Geistes.
Amen - so sei es!

II

Die wenigsten von euch sind jemals in Palästina gewesen und so werden euch unsere jüdischen Sitten und Gebräuche, so wird euch der Glaube unseres Volkes fremd sein.

Laßt mich euch also sagen, daß vor sehr langer Zeit ein Mann namens Abraham gelebt hat, den wir als unser aller Vorvater verehren. Gott hat ihn herausgerufen aus seinem Elternhaus und seiner Heimat und ihn in das Land geführt, das damals noch Kanaan hieß und in dem bald dieser, bald jener Stamm lebte und umherwanderte. Gott versprach Abraham, daß er ihn zu einem großen Volk machen werde, und daß alle Völker der Erde durch ihn gesegnet sein würden.
Tatsächlich wurden es im Laufe der Jahrhunderte immer mehr Menschen, die Abrahams Glauben an den einen, unsichtbaren und allmächtigen Gott annahmen, und sie nannten sich nach dem Namen, der Abrahams Enkel Jakob gegeben worden war, Israel, Gottesstreiter. In zwölf Stämme unterteilte sich dieses nun immer größer und mächtiger werdende Volk und ein jeder der zwölf Stämme nannte sich nach einem der zwölf Söhne Jakobs.
Als nun vor langer, langer Zeit, Jahrhunderte noch bevor Rom überhaupt gegründet war, König David über unser Volk regierte, ein mächtigerer Herrscher als wir ihn jemals zuvor oder jemals hernach gesehen haben, da glaubten viele Juden, nun hätten sich alle Verheißungen, die Gott Abraham und seinen Nachfahren geschenkt hat, erfüllt. Und als Davids Sohn, Salomon, zum reichsten, weisesten und prächtigsten Herrscher seiner Zeit wurde, da zweifelte kaum noch jemand an der Erfüllung.
Einige Propheten mahnten das Volk jedoch, nicht überheblich zu werden, denn, so sprachen sie, Gott hätte uns nicht erwählt, damit wir über andere herrschten und sie unterdrückten, sondern damit wir ihnen allen zum Segen wären. Doch wurden diese Propheten verlacht und gedemütigt.
In den folgenden Jahrhunderten zeigte sich dann, daß die Größe und Macht Israels tatsächlich nicht von langer Dauer war. Immer mehr verkam das Land zur Bedeutungslosigkeit und immer mehr wurde es zum Spielball fremder Nationen.
So wurden die Kinder Abrahams etwa sechshundert Jahre vor unserer Zeit von den Babyloniern vernichtend geschlagen. Ihr Tempel wurde zerstört und sie selber ins Exil verschleppt. Großes Leid kam über das Volk und es schien, als wären sie jetzt ganz am Ende.
In dieser Situation erinnerten sie sich der lang verachteten Propheten, die dem Volk und den Herrschern immer wieder ihre Sünden vorge-

halten und ein Strafgericht angekündigt hatten. Die völlige Niederlage erschien nun als dieses Gericht, und so studierte man die alten Schriften der verstorbenen Propheten und befragte die lebenden Sager, ob Gott nicht die Möglichkeit zu einem Neuanfang schenken würde. Tatsächlich hatte der Allmächtige immer wieder durch den Mund der von ihm Erwählten gefordert, daß sein Name heilig gehalten und neben ihm keine anderen Götter verehrt würden. Weiterhin hatte er die Menschen dazu angehalten, seine Gebote zu achten und einander kein Unrecht zuzufügen.

Die verbannten Israeliten nahmen sich nun vor, all dies zu befolgen, um so vor Gott Gnade zu finden und in ihr Land zurückkehren zu dürfen. Sie hofften, daß ein vom Allmächtigen gesalbter Nachfahre Davids dann ihr König sein würde. Der Gesalbte aber heißt in unserer Sprache Messias und auf Griechisch übersetzt *Christus.*

Noch in Babylonien wurde den Priestern und Schriftgelehrten unseres Volkes das Gesetz so wichtig, daß sie sich ständig darüber Gedanken machten, wie sie es noch weiter ausarbeiten konnten, und schließlich war es ihnen gelungen, aus den zehn Geboten Gottes 613 Satzungen zu machen, von denen sie uns einredeten, wir müßten sie unbedingt befolgen, damit es jedem einzelnen von uns und dem ganzen Volk wieder gut ginge.

Aufs neue traten in der Folgezeit Propheten und Weise auf, die lehrten, daß es nicht diese Art von Frömmigkeit sei, die der Schöpfer wolle. Doch nachdem es den Kindern Abrahams erlaubt worden war, in ihre Heimat zurückzukehren, fiel es den Priestern und Schriftgelehrten leicht, zu erklären, diese Rückkehr verdanke man nur ihren Bemühungen um das Gesetz.

Tatsächlich waren unsere Vorfahren aber weit davon entfernt, wieder zu leben wie zu Davids Zeiten, denn sie hatten keinen eigenen König und fremde Völker herrschten über sie. Die Sadduzäer - so nannte sich die Partei unserer Priester - lehrten jedoch, daß nur die Gebote, vor allem soweit sie den Opferdienst betrafen, zu befolgen seien, dann würde sich auch das eines Tages wieder ergeben. Und jeder Jude mußte den zehnten Teil von allem, was er verdiente, spenden, damit im neu errichteten Tempel die kultischen Handlungen verrichtet werden konnten.

So wurden die Sadduzäer zu den wohlhabendsten und angesehensten Männern unseres Volkes. Dabei glaubten sie, im Gegensatz zu den meisten von uns, noch nicht einmal an ein Leben nach dem Tode, und ich habe mich oft gefragt, ob sie außer an ihre eigene Wichtigkeit überhaupt je an etwas geglaubt haben.

Auch die Schriftgelehrten hatten sich, nachdem Israel ins gelobte Land zurückgekehrt war, ihre bedeutende Stellung sichern können. Während die Sadduzäer vor allem über die Gebote, die den Tempeldienst regelten, wachten, trugen die Schriftgelehrten die Sorge für die richtige Auslegung und Anwendung aller anderen Satzungen, nicht zuletzt der Sabbat- und Reinheitsvorschriften.
Ihre treuesten Anhänger waren die Pharisäer, die es sich zur Lebensaufgabe gemacht hatten, jedes, aber wirklich jedes, der Gebote genauestens zu befolgen. Zur Belohnung dafür, so glaubten sie, würden sie von Gott dereinst von den Toten auferweckt werden, während alle anderen bestenfalls in der Hölle schmoren dürften.
Die meisten einfachen Menschen unseres Volkes hatten gar nicht die Zeit und auch nicht die Bildung, sich so eingehend mit dem Gesetz zu beschäftigen wie die Schriftgelehrten und Pharisäer, doch versicherten uns diese, daß, wenn wir nur befolgten, was sie uns sagten, und wir uns darüber hinaus bemühten, unsere Sünden durch gute Taten wiederaufzuwiegen, wir vielleicht dennoch von Gott errettet würden.
Dankbar erwiesen wir also den Wächtern über das Gesetz, so gut wir es konnten, unseren Respekt, waren folgsam ihren Lehren und bemühten uns auch, durch Spenden ihr Wohlgefallen zu erlangen.
In den kultivierten Kreisen Roms und Griechenlands mögt ihr euch deshalb über uns lustig machen, aber bedenkt, bevor ihr lacht, ob nicht euer Verhalten gegenüber euren Vornehmen genau dem der Juden gegenüber den Schriftgelehrten und Pharisäern entspricht.
Denn fühlen sich nicht auch die einfachen Menschen eurer Völker euren Gebildeten unterlegen, fürchten sich nicht auch sie, deren Wohlwollen zu verlieren und folgen daher ihrem Beispiel?
Nun mögen die Götter Griechenlands Kultur und Wissenschaft heißen, die Götter Roms Geld, Macht und nochmals Geld, unser Gott aber ist der Schöpfer des Himmels und der Erde, der Einzige und der Höchste. So seid ihr also im Irrtum, wenn ihr die frommen Juden belächelt, die

diesem Gott dienen und ein ihm gefälliges Leben führen möchten. Doch irrt ihr nicht, wenn ihr euch über die Schriftgelehrten und Pharisäer wundert, die aus dem großen Reichtum unserer heiligen Überlieferungen, die angefüllt sind mit Weisheit und Gotteserkenntnis, nichts anderes herauszulesen vermögen als Gebote und nochmals Gebote.

Zu unserer Zeit war Palästina schon lange von den Römern besetzt. Sie erlaubten uns, unseren Glauben beizubehalten, so daß die Sadduzäer in Jerusalem wie auch die Schriftgelehrten und Pharisäer, die überall im Land verteilt lebten, mehr oder weniger gut mit ihnen zurecht kamen. Die meisten Juden aber haßten und verachteten die Römer ebenso wie diese uns.
Es gab zwischenzeitlich übrigens auch wieder Könige in Israel, doch stammten sie nicht aus dem Hause Davids und waren nichts als Marionetten der fremden Machthaber.
Der letzte dieser Könige war Herodes, der seinen Titel mit offizieller Genehmigung des römischen Senats tragen durfte. Nach seinem Tod wurde das große Gebiet, das ihm zur Verwaltung anvertraut war, in drei Teile aufgeteilt. Galiläa und das im südlichen Ostjordanland gelegene Peräa fiel dabei an seinen Sohn Herodes Antipas, der den Titel Tetrarch, also Fürst, erhielt. Das Gebiet östlich von Galiläa wurde dessen Halbbruder Philippus, ebenfalls Tetrarch, zuerkannt, während Antipas' Bruder Archelaus sich zwei Jahre lang Ethnarch, also Großfürst, von Judäa, Samaria und Idumäa nennen durfte. Er regierte so brutal, daß die Römer ihn auf Bitten des jüdischen Volkes seines Amtes enthoben und ihn nach Gallien verbannten. Von nun an wurde sein Gebiet einem römischen Statthalter unterstellt, der in der Hafenstadt Cäsarea regierte und nur zu hohen Festen nach Jerusalem kam. Denn die Römer befürchteten stets Aufstände unter den vielen Gläubigen, die an diesen Tagen in ihre heilige Stadt pilgerten.
Dabei waren die einzigen, die wirklich von Zeit zu Zeit versuchten, sich gegen die fremden Herren zu erheben, die Zeloten. Sie waren nur wenige, doch hofften sie, durch Mut und Tollkühnheit die Römer aus dem Land jagen zu können.
Die meisten anderen Juden glaubten schon lange nicht mehr daran, daß uns dies jemals aus eigener Kraft gelingen könne. So richteten sich unsere Hoffnungen ganz und gar auf das Kommen des Messias, von

dem wir annahmen, daß wenn er käme, er mit Gottes Hilfe vollbringen könne, wozu wir alleine zu wenige und zu schwach waren.
Auch gab es die Hoffnung auf das Kommen des sogenannten Menschensohnes, der uns ebenso wie der Messias von unseren Propheten verkündigt worden war. Es hieß, daß er schon vor Anbeginn der Zeit bei Gott gewesen sei, und daß er kommen würde, die alte, durch die Sünde der Menschen verdorbene Schöpfung, in einen neuen Himmel und eine neue Erde zu verwandeln. Auch den Menschen sollten ihre bösen Herzen genommen und durch gütige ersetzt werden. Der Menschensohn würde von diesem Zeitpunkt an bis in Ewigkeit in Frieden herrschen.
Kurz bevor nun Jesus kam, von dem sich herausstellen sollte, daß er der Menschensohn und der Messias in einer Person war, und daß sich in ihm alle Verheißungen, die uns jemals gegeben worden waren, erfüllten, trat noch einmal ein Prophet in Israel auf, die Ankunft des Herren zu verkündigen.
Sein Name war Johannes und er wurde der Täufer genannt, weil er im Jordan die Taufe zur Vergebung der Sünden spendete.

III

Johannes war ein strenger und asketischer Mann, der mit seinen Jüngern in der Wüste lebte. Sie alle trugen Gewänder aus rauhem Kamelhaar und lederne Gürtel um die Hüften. Heuschrecken und wilder Honig waren ihre Nahrung.
Die Leute aus Jerusalem und ganz Judäa, einige sogar aus Galiläa und anderen weiter entfernten Gebieten, kamen hinaus, um den Propheten zu hören. Er hielt ihnen ihre üblen Taten vor und verkündigte ihnen das baldige Gericht, bei dem alle Sünder den Flammen der Verdammnis überantwortet werden sollten.
Doch ließ er sie auch wissen, daß sie sich vor diesem Schicksal bewahren könnten, indem sie umkehrten von ihrem bösen Tun und zum Zeichen ihrer Reumütigkeit, zum Zeichen ihrer Hoffnung auf Gottes Vergebung, die Taufe empfingen.
So traten seine Zuhörer also einer nach dem anderen hervor, bekannten ihre Sünden und ließen sich von ihm untertauchen im Jordan.

Dann erteilte er ihnen Ratschläge, wie sie in Zukunft gerechter leben und sich nicht mehr vergehen sollten.
Viele, die seine Predigt gehört hatten, vor allem die Schriftgelehrten und Pharisäer, lehnten es ab, sich taufen zu lassen. Denn sie waren davon überzeugt, daß sie als gesetzestreue Nachfahren Abrahams bereits gerechtfertigt seien.
Johannes ermahnte sie: „Habt ihr nicht in den heiligen Psalmen gelesen, daß vor Gott kein Lebendiger gerecht ist? Wofür haltet ihr euch, daß ihr meint, seiner Vergebung nicht zu bedürfen? Glaubt mir, Gott kann aus diesen Steinen Kinder Abrahams machen! Die Axt aber ist schon an die Wurzel der Bäume gelegt, und jeder Baum, der keine gute Frucht bringt, wird umgehauen und ins Feuer geworfen werden! Überhebt euch also nicht, sondern tut Buße und kehrt um von eurem sündigen Lebenswandel!“
Und jenen, die vor ihm ihre Sünden bekannt hatten, verkündigte er: „Ich habe euch heute nur mit Wasser getauft. Nach mir wird einer kommen, der größer ist als ich. Ich bin es nicht wert, mich zu bücken und ihm die Schuhe aufzuschnüren. Er wird euch mit dem Heiligen Geist taufen.“
Woran man aber jenen würde erkennen können, der da kommen, und welche Rolle er bei dem Gericht spielen sollte, davon sprach Johannes nicht. Der Sinn seiner Predigt blieb wie vieles von dem, was uns unsere Propheten verkündigt hatten, schwer zu ergründen.
Erst als der kam, den Gott uns durch sie alle verheißen, wurde der Wille des Allmächtigen offenbar. Erst in Jesus von Nazareth vollzog und vollzieht sich Gericht und Erlösung, wandeln sich die Herzen derer, die an ihn glauben.
In jenen Tagen aber lebte der Herr schon mitten unter uns, und die Zeit hatte sich genaht, da er sich uns zu erkennen geben sollte.

Kurz bevor wir zum erstenmal von Jesus hörten, wurde Johannes von den Männern des Tetrarchen Herodes Antipas gefangengenommen.
In strengen Worten hatte der Bußprediger nämlich den Fürsten immer wieder wegen dessen gottlosen Lebenswandels angegriffen und ihn vor allem gescholten, weil er Herodias, die Frau einer seiner Halbbrüder, geheiratet, und damit gegen jüdische Sitte und jüdisches Gesetz verstoßen hatte.

Die Verhaftung des Täufers wurde nun zu einem traurigen Beweis mehr für die Richtigkeit seiner Predigt gegen das Fürstenpaar, und auch das erschütternde Verhalten der Pharisäer bestätigte nur das Urteil, das er zuvor über sie ausgesprochen hatte. Denn obwohl diese Gesetzesdiener die Ehe des Fürsten doch im Stillen am meisten kritisierten, freuten sie sich nun ungeniert, den Mann, der sie öffentlich in ihrer Selbstgerechtigkeit bloßgestellt hatte, im Gefängnis zu wissen. Und es bekümmerte sie nicht im geringsten, daß ihm ein himmelschreiendes Unrecht widerfahren war.

IV

Unser Herr Jesus Christus ist in der Stadt Nazareth in Galiläa aufgewachsen.

Auch wir, seine ersten Jünger, mein Bruder Andreas und ich sowie Jakobus und Johannes, die Söhne des Zebedäus, stammten aus Galiläa und zwar aus der Stadt Kafarnaum am See Gennesaret.

Die Ebene, die unsere Heimatstadt umgibt, ist - erlaubt mir das zu sagen - eine der schönsten Gegenden, die ich je gesehen habe. Das ganze Jahr hindurch herrscht dort ein mildes Klima, und man findet die verschiedensten Früchte und Getreidesorten sich ständig abwechselnd in Blüte stehen.

Als junger Mann bin ich dort sehr glücklich gewesen. Ich hatte, wie auch mein Bruder, von unserem Vater ein Fischerboot geerbt, und jeden Morgen, wenn wir vom Fang zurückkamen, waren unsere Netze bis zum Bersten gefüllt.

Um so älter ich aber wurde, um so weniger empfand ich dieses Glück und um so mehr bedrückte es mich, daß es, wo immer man hinschaute, nichts als Ärger und Verdruß zu geben schien. Wir waren einer fremden Macht unterworfen, die uns Steuern abverlangte und ihre Gesetze auferlegte. Unsere Gelehrten traktierten uns mit weiteren Vorschriften, während die Pharisäer über unser Verhalten wachten. In den Augen unseres Fürsten und seines Hofes zählten nur Kurzweil und Vergnügen, wovon wir natürlich ausgeschlossen waren, und aller Orten war die Rede von Gottes fürchterlichem Gericht, von dem niemand sagen konnte, ob er ihm entgehen würde.

Wo blieb da noch Grund zur Freude? Worauf sollte man noch hoffen dürfen?
In meinem Unglück und meiner Traurigkeit wurde ich immer lust- und kraftloser. Wenn ich aufwachte, sehnte ich die nächste Nachtruhe herbei, und wenn ich mich niederlegte, dachte ich voller Widerwillen an das Kommen des nächsten Tages.
Und meine Fischernetze füllten sich im Laufe dieser Jahre immer weniger.

Bald nachdem nun der Täufer verhaftet worden war, hörten wir zum erstenmal von Jesus.
Es hieß von ihm, er verkündige nicht wie Johannes das Gericht, sondern vielmehr das Reich Gottes. Ja, es hieß, er predige, daß die Herrschaft des Höchsten schon hier und heute angebrochen sei! Inmitten dieser Welt, deren Verderbtheit der Täufer so deutlich beschrieben und verurteilt hatte, sollte Gott herrschen wie ein König? Dieser Gedanke erschien mir völlig absurd, ja fast schon blasphemisch.
Doch die Menschen, die von Jesus und seiner Predigt berichteten, waren überhaupt nicht empört. Vielmehr waren sie sehr bewegt, ja beglückt, von dem, was er ihnen gesagt hatte.
Das alles erstaunte mich so sehr, daß ich mir vornahm, sobald ich die Gelegenheit dazu hätte, diesen Mann aus Nazareth einmal selber zu hören.
Bevor ich mich jedoch noch auf die Suche nach ihm begeben konnte, hatte er mich bereits gefunden.
Und so kam es, daß nicht der Jünger den Herrn, sondern der Herr den Jünger erwählt hatte.

V

Es war an einem Frühlingsmorgen am See Gennesaret. Ich war mit Andreas und den Männern, die mit uns arbeiteten, wie an jedem Tag der Woche in den späten Nachtstunden hinausgefahren, um zu fischen. Am Morgen waren wir wie gewöhnlich zurückgekehrt und hatten, wie so oft in den letzten Jahren, nur wenig gefangen.

An jenem Morgen stand Jesus mit einer handvoll Leuten, die ihm zuhörten, am Ufer des Sees.
Mir war die kleine Gruppe gar nicht aufgefallen, und auch als mit der Zeit immer mehr Menschen aus der Stadt und von den anderen Booten herbeikamen, bemerkte ich weder sie noch den Herrn. Gemeinsam mit meinen Männern brachte ich unseren kärglichen Fang an Land und begann, unsere Netze auszuwaschen.
Wie ich so in Gedanken verloren der Arbeit nachging, hörte ich auf einmal, daß einige Leute sich um mich herum versammelt und über mich zu lachen begonnen hatten. Verwundert sah ich auf. Sie deuteten amüsiert auf den See. Da wandte ich mich um und sah Jesus in meinem Boote stehen.
Er lächelte mich an.
Ich wußte nicht, wer er war, doch die selbstverständliche Art, mit der er von dem, was mein war, Besitz ergriffen hatte, sein gelassener und freundlicher Blick, zogen mich eher an, als daß sie mich zornig gemacht hätten.
So ging ich durch das niedrige Wasser auf ihn zu. Um so näher ich ihm kam, um so mehr ich in seine Augen blicken konnte, um so mehr nahm er mich für sich ein. Noch nie zuvor und niemals hernach habe ich in den Augen eines Menschen so viel Friede, Güte und Gelassenheit gesehen, wie in den seinen.
„Bitte fahre mich ein Stück vom Land weg“, sagte er. Und ich stieg in das Boot und tat, worum er mich gebeten hatte.
Als wir ein paar Schritt hinausgefahren waren, setzte er sich und lehrte die Menschen, die sich seinetwegen am Ufer versammelt hatten:
„Ihr erwartet das Kommen des Menschensohnes. Ihr erwartet den Tag, an dem er den neuen Himmel und die neue Erde, an dem er das Reich Gottes aufrichten wird. Ich aber sage euch: Dieses Reich ist schon hier und heute mitten unter euch gegenwärtig!
Was erwartet ihr, daß Gott euch tun soll? Gerechtigkeit? Nun, hat er euch nicht so geschaffen, daß ihr fähig seid, gerecht zu handeln? So oft ihr von dieser Fähigkeit Gebrauch macht, wird das Reich Gottes mitten unter euch Wirklichkeit.
Erwartet ihr von eurem Vater im Himmel Sättigung und Freude, Liebe und Geborgenheit? Hat er euch nicht so geschaffen, daß ihr fähig seid, all das euren Mitmenschen zu schenken? In dem Maße, in dem ihr

das Gute schenkt, wird Gott in eurem Herzen und in eurer Mitte sein. Ihr aber fürchtet euch, Gutes zu tun, da ihr voller Sorge seid.
Doch was ist es, wovor ihr euch ängstigt? Sind es die Gewalten der Natur, sind es Hunger, Kälte und Krankheit? Ist es das Böse, das eure Mitmenschen euch antun können?
Ich sage euch: Fürchtet euch nicht, denn all dies kommt auch, ohne daß ihr es fürchtet. Wenn es aber kommt, so ist es im Glauben leichter zu ertragen als in der Hoffnungslosigkeit.
Erkennt, daß Gott einen jeden von euch liebt wie ein Vater, wie eine Mutter ihre Kinder lieben. Er ist immer bei euch und seine Liebe ist größer als alles, worum ihr euch sorgt. Er wird die Verstorbenen auferwecken und ihnen das ewige Leben schenken. Doch im Diesseits wie im Jenseits liegt es bei euch, ob ihr seine Erlösung annehmen, oder ob ihr fortfahren wollt, zu sündigen.
Wenn ihr euch also unbedingt fürchten wollt, so fürchtet weder das vergängliche Leid noch den Tod, sondern fürchtet nichts anderes als das Böse, das von euch selber ausgeht. Denn damit fügt ihr eurer Seele Schaden zu. Gott aber will euch heilen von euren Sünden und euren Schmerzen.
Empfangt also seine Liebe und liebet auch ihr einander, wie er euch liebt!
Seid ohne Furcht.
Und gehet euren Weg in Frieden.
Amen."

Nachdem Jesus so gepredigt hatte, wandte er sich mir zu und sprach: „Fahre noch einmal auf den See hinaus und wirf aufs neue deine Netze aus!"
Und was soll ich euch sagen? So wie ich bereits seiner Bitte nachgekommen war, ihn hinauszurudern, folgte ich nun auch dieser Aufforderung.
Ergriffen von den Worten, die er gesprochen hatte, begeistert von seiner Gegenwart, begann ich das Boot klarzumachen, während auch schon meine Männer gelaufen kamen, um ein zweites Mal an diesem Tage, zu völlig ungewohnter Zeit, mit mir auf Fischfang zu gehen.
Wir alle waren so voller Freude und Kraft, wie wir es seit Jahren nicht mehr gewesen waren. In kürzester Zeit fingen wir eine solche Menge

Fische, daß die Netze zu reißen drohten! Wir winkten Andreas und seinen Männern, daß sie kämen, uns zu helfen, und gemeinsam füllten wir unsere Boote bis zum Rand!
Als wir mit diesem gewaltigen Fang ans Ufer zurückgekehrt waren, sprach Jesus zu uns: „Kommt, folgt mir nach! Ich werde euch zu Menschenfischern machen.“
Und ohne weiter nachzudenken, ließen wir alles stehen und liegen und folgten ihm!
Auch die Brüder Jakobus und Johannes schlossen sich Jesus an, da er sie rief. Ihr Vater Zebedäus, zunächst fassungslos, verlangte, sie sollten zurückkehren. Doch die beiden, wie auch Andreas und ich, hatten nur noch Augen und Ohren für den Herrn.
Und so wurden wir an diesem Tag zu seinen Jüngern.

VI

Am Abend lagerten wir uns an einem windstillen Ort, entzündeten ein Feuer, brieten uns Fische und Jesus ließ jeden von uns von sich erzählen.
Seit unserer Kindheit kannten wir uns nun schon, doch noch nie hatten wir zueinander so offen von unseren Gefühlen, von unseren Wünschen und Träumen, von unseren Sorgen und Nöten gesprochen.
Mit Jesus in unserer Mitte aber schämten wir uns nicht, sondern waren wie ein Herz und eine Seele und ein jeder dennoch ganz er selber.
Der Herr hörte uns aufmerksam zu und blickte uns gütig an.
Und er sprach voller Ernst und Milde: „Selig sind, deren Augen sehen, was ihr seht. Ich sage euch: Viele Propheten und Könige wollten sehen, was ihr seht und haben es nicht gesehen und wollten hören, was ihr hört und haben es nicht gehört.“
Dann stand er auf, entfernte sich ein wenig vom Feuer und legte sich zum Schlafen nieder.
Wir saßen noch eine Weile schweigend beisammen.
An diesem Abend wußte ich zum erstenmal in meinem Leben nicht, was mir der nächste Tag bringen würde. Doch war ich glücklicher als je zuvor, da Jesus mir begegnet war.
Und ohne daß ich es hätte sagen können, wußte ich damals schon, daß er mir zum Weg, zur Wahrheit und zum Leben werden würde.

VII

Am nächsten Morgen brachen wir froh gelaunt von unserem nächtlichen Lager auf und hatten bald ein Getreidefeld erreicht, auf dem eine Gruppe Tagelöhner arbeitete.

Als Jesus die Menschen auf dem Felde sah, wandte er sich ihnen zu und sprach: „Kommt alle zu mir, die ihr euch plagt und schwere Lasten zu tragen habt!"

Und sie rasteten von ihrer Arbeit und versammelten sich um ihn.

Fast scheu blickte der Herr da zu Boden und begann sehr leise zu sprechen: „Ich werde euch Ruhe verschaffen. Nehmt mein Joch auf euch und lernt von mir. Denn ich bin gütig und von Herzen demütig. So werdet auch ihr Ruhe finden für eure Seele!"

Einer der Feldarbeiter sagte zu ihm: „Ich habe schon von dir und deiner Predigt gehört, Jesus von Nazareth. Meine Frau hat mir davon erzählt. Doch ich bitte dich, verschone mich mit deinem Geschwätz. Nicht meine Seele, sondern mein Körper sehnt sich nach Ruhe!"

Und Jesus antwortete ihm freundlich: „Dein Körper mag ruhen soviel er will, dann wirst du allerdings hungern müssen."

„Da hast du wohl Recht", sprach da der Arbeiter. „Derjenige aber, dem das Feld gehört, auf dem ich schufte, kann ruhen von früh bis spät, weil wir alles für ihn tun und er selber reich ist. Schaff mir Reichtum, dann habe ich für meinen Körper und für meine Seele Ruhe genug."

Einige der anderen lachten beifällig, und auch Jesus war keinesfalls verärgert über diese Worte. So sagte er: „Ich kann euch weder Land noch Geld schenken, doch laßt mich euch eine Geschichte erzählen."

Und da die Leute nun einmal ihre Arbeit unterbrochen hatten, setzten sie sich und hörten ihm zu.

Da sprach der Herr zu ihnen: „Auf den Feldern eines reichen Mannes stand eine gute Ernte und er überlegte hin und her: ‚Was soll ich tun? Ich weiß nicht, wo ich das viele Getreide unterbringen soll.' Schließlich dachte er: ‚So will ich es machen. Ich werde meine Scheunen abreißen und größere bauen. Dort werde ich alles lagern. Dann will ich zu mir sagen: Nun hast du einen großen Vorrat, der für viele Jahre reicht. Ruh dich aus, iß und trink und freu dich des Lebens!'"

Die Zuhörer Jesu nickten beifällig und lächelten zufrieden. Die meisten von ihnen besaßen nämlich kaum mehr als das Hemd, das sie auf

dem Leib trugen, und so wärmte es ihr Herz, von einem Menschen zu hören, der all das sein eigen nannte, wovon sie nur träumen konnten.
Jesus aber fuhr fort ihnen zu erzählen: „Da sprach Gott zu diesem Menschen: ‚Du Narr! Noch in dieser Nacht wird man dein Leben von dir zurückfordern. Wem wird dann all das gehören, was du angehäuft hast?'"
Und als er seine Geschichte, die doch so erfreulich angefangen, auf diese Weise geendigt hatte, war seinen Zuhörern die Enttäuschung anzusehen.
Er sagte zu ihnen: „Versteht ihr denn nicht? Es ist nicht der Reichtum, der einen Menschen glücklich oder unglücklich sein läßt. Auf die Gelassenheit kommt es an, sich jedes Augenblicks, den Gott geschenkt hat, dankbar zu erfreuen.
Ihr besitzt wenig und deshalb sorgt ihr euch um den morgigen Tag. Diejenigen, die viel besitzen, sorgen sich noch mehr, da sie sich ständig fragen, wie sie ihren Reichtum bewahren und vergrößern können. Hatte der Mann aus der Geschichte, die ich euch gerade erzählt habe, nicht alles, was er zum Leben brauchte, ja noch weitaus mehr als das? Er war schon reich und eine gute Ernte stand auf seinen Feldern. Da er sich aber nicht des Heute erfreuen konnte, sondern stets vermeinte, für das Morgen sorgen zu müssen, so plante er, sich noch weiteren Besitz, noch weitere Mühe zu schaffen.
Glaubt ihr, er hätte sich wirklich zur Ruhe gesetzt, wenn er nicht in der bewußten Nacht gestorben wäre? Gewiß nicht! Tausend Dinge wären ihm eingefallen, wie er mit seiner großen Ernte Geschäfte machen und aus ihr noch mehr Reichtum hätte gewinnen können.
Sicherlich denkt ihr euch: ‚Wenn ich an seiner Stelle wäre, ich würde es mir an dem, was ich hätte, genug sein lassen und ein gutes Leben führen!'
Nun, so frage ich: Wenn ihr so denkt, warum handelt ihr dann nicht so? Besitzt nicht auch ihr Reichtümer, die der Freude wert wären? Seid ihr nicht gesund und lebt in einer Welt, die voller Schönheit und Anmut ist? Habt ihr nicht Arbeit, die euch ernährt und kleidet? Habt ihr nicht Ehefrauen und Ehemänner, die ihr liebt und die euch lieben? Habt ihr nicht Wein, habt ihr nicht Freunde? Habt ihr nicht Kinder? Habt ihr nicht dieses alles und mehr?
Erfreut euch dieser Reichtümer, wann immer es euch gegeben ist! Laßt

euch die Freude daran nicht durch Angst und Unzufriedenheit rauben! Sicher, das Leben ist oft voller Mühsal und Beschwer. Doch habt ihr sie bislang nicht immer bemeistert? Ja, habt ihr nicht dadurch erst all eure Kraft und Erfahrung, all euer Wissen und Selbstvertrauen gewonnen? Seid ihr nicht erst durch die Bewältigung vieler Schwierigkeiten zu den Menschen geworden, die ihr heute seid?

Waren denn wirklich die Arbeiten und die Krankheiten, ja selbst die Demütigungen und die Trauer immer so schwer zu ertragen, wie ihr es euch zuvor in eurem Kleinmut ausgemalt habt? Seid ihr nicht vielmehr auch dann mit ihnen fertig geworden, wenn sie sogar eure schlimmsten Befürchtungen übertroffen haben?

Und hat nicht darüber hinaus die Zeit stets alle Wunden geheilt?

Wozu dienen also eure Sorgen um das Morgen, außer euch die Freuden des Heute zu verderben?

So sage ich euch also noch einmal: Sorgt euch nicht, sondern erkennt euren Reichtum und erfreut euch seiner!

Ihr alle seid Kinder Gottes, und er hat euch dieses Leben geschenkt, damit ihr es lebt und nicht, damit ihr es fürchtet!

Lernt von den Vögeln des Himmels: Sie säen nicht, sie ernten nicht und sammeln keine Vorräte in Scheunen. Euer himmlischer Vater aber ernährt sie. Denn als Vögel hat er sie erschaffen und nach der Art der Vögel leben sie.

Lebt ihr, wie es eines Menschen würdig ist!

Lernt auch von den Lilien des Feldes: Sie arbeiten nicht und spinnen nicht, doch selbst Salomon war in all seiner Pracht nicht gekleidet wie eine von ihnen.

Wenn nun Gott schon die Pflanzen so schön erschaffen hat, um wieviel schöner seid dann ihr, die ihr euch seine Ebenbilder nennen dürft?

Seid euch eurer Schönheit und eures Reichtums bewußt, alle Tage eures Lebens!

Achtet einander und lebt, so gut es euch der Augenblick gestattet, in Freude!

Lernt, daß das größte Glück darin besteht, Glück zu schenken, und daß das Reich Gottes unter euch gegenwärtig wird, wann immer ihr im Vertrauen auf ihn lebt und liebt!“

Nachdem Jesus so zu ihnen gesprochen hatte, segnete er sie und ließ sie an ihre Arbeit zurückkehren.

Und viele von ihnen gingen voller Stolz auf ihr Dasein und voller Dankbarkeit gegenüber Gott, der es ihnen geschenkt hatte.

VIII

Als wir weitergehen wollten, sahen wir am Wegrand einen Mann stehen, der uns, während Jesus zu den Feldarbeitern gesprochen hatte, gar nicht aufgefallen war, der aber wohl schon länger zugehört hatte.
Er war gekleidet wie ein wohlhabender Jude, trug das Gesicht jedoch rasiert wie ein Römer. Seine Manieren und wie wir später erfuhren auch seine Bildung waren griechisch. Das Auffallendste an ihm war seine Ähnlichkeit mit Jesus. Er war zwar einige Jahre jünger als der Herr, sah aber ansonsten fast genauso aus wie dieser. Deshalb nannten wir ihn, bald nachdem auch er ein Jünger geworden war, Didymus - das griechische Wort für Zwilling.
Jesus sah ihn an und fragte ihn freundlich: „Was wünschst du?"
Und er antwortete: „Herr, ich habe gehört, daß du Worte der Weisheit hast. Mein Name ist Thomas. Ich handele mit Stoffen und habe ein Haus in Chorazim, ganz hier in der Nähe. Erlaube mir, dich und deine Freunde in mein Haus einzuladen. Laß mich dich bewirten und gestatte mir, dich zu befragen."
Jesus schlug diese Einladung nicht aus, nahm sie auch nicht an, sondern sagte einfach: „Folge mir nach."
So schloß sich also auch Didymus uns an.
Und bald schon sprach Jesus zu einer weiteren Gruppe von Menschen und verkündigte auch ihnen das Reich Gottes.

IX

Die Worte des Herrn erreichten die Herzen vieler seiner Zuhörer. Immer wieder erlebten wir, solange wir mit ihm unterwegs waren und auch später, nach seinem Tod und seiner Auferstehung, als wir seine Botschaft weitertrugen, wie die Verkündigung, da sie ausgesprochen, Wirklichkeit wurde, und wie das Reich Gottes mitten unter uns in Glaube, Liebe und Hoffnung anbrach.
Doch verschlossen sich auch viele Menschen der Frohen Botschaft, ließen sich nicht von ihr erreichen, ja lehnten sich gegen sie auf.

So geschah es auch an jenem Tag, da Jesus zu einer weiteren Gruppe von Feldarbeitern ähnlich sprach wie zu den ersten wenige Stunden zuvor. Diesmal hatten die Leute, verbittert und zynisch, nichts als Spott übrig für Jesu Worte vom wahren Reichtum.
Es tat mir sehr weh zu sehen, wie der Herr und seine Verkündigung auf solche Ablehnung stießen. Und so überwand ich mich, als wir weitergingen, ihn zu fragen: „Herr, wenn die Menschen die Wahrheit, die du offenbarst, nicht annehmen, wie sollen sie dann jemals gerettet werden? Wie soll die Welt sich jemals ändern, solange es Menschen gibt, die die Erlösung ausschlagen, und die weiterhin, sich selbst und ihren Mitmenschen zum Leid und zur Gefahr, in ihrer Verlorenheit verharren?"
Er antwortete mir wie auch den anderen Jüngern, die von derselben Frage bewegt waren: „Lernt es, geduldig zu sein. Das Reich Gottes wird in dieser Welt nicht zur Vollendung gelangen. Jene aber, die es schon hier gegenwärtig sein lassen, sind wie das Salz der Erde. Es braucht nur wenige Körner Salz, um einen großen Topf Suppe zu würzen. Ohne diese wenigen jedoch bliebe alles fahl.
Ihr seid das Salz der Erde. Sorgt dafür, daß ihr euren Geschmack nicht verliert. Für jene, die sich nicht bekehren lassen, wird Gott sorgen. Denn er ist langmütig und lebt in Ewigkeit.
Seht, es ist gut, wenn viele Menschen Gott erkennen. Denn jeder, der glaubt, ist wie ein Licht, das im Dunkeln leuchtet. Um so mehr Lichter brennen, um so heller wird die Nacht. Doch auch ein einzelnes Licht erhellt einen ganzen Raum, der vorher voller Finsternis war.
Sorgt euch nicht, meine Frohe Botschaft könne zu wenige Menschen bekehren, denn auch diese Sorge ist von Übel.
Betrachtet einen Sämann, der aufs Feld geht, um zu säen. Ein Teil der Körner, die er ausstreut, fallen auf den Weg, und die Vögel kommen und fressen sie. So ist es mit den Menschen, die das Wort vom Reich Gottes hören, es aber nicht in ihre Herzen gelangen lassen. Es kann nicht in ihnen wachsen, ihr aber könnt sie nicht zwingen, es aufzunehmen.
Ein anderer Teil der Körner, die der Sämann ausstreut, fällt auf felsigen Boden, wo es nur wenig Erde gibt. Sie gehen sofort auf, weil das Erdreich nicht tief ist. Wenn aber die Sonne aufsteigt, versengt und verdorrt die Saat, weil sie keine Wurzeln hat. Auch dies werdet ihr

erleben, daß Menschen das Wort Gottes hören, es sofort freudig aufnehmen, es dann aber, sobald sie mit den ersten Schwierigkeiten zu kämpfen haben, wieder in Vergessenheit geraten lassen. Denn es hat keine Wurzeln in ihren Herzen geschlagen. Doch könnt ihr die Wurzeln nicht herbeizwingen, denn die Herzen der Menschen sind sehr verschieden.
Damit nicht genug: Einige, ja sehr viele Körner werden auch in die Dornen fallen. Die Dornen werden wachsen und die Saat ersticken. Ich glaube ihr versteht, daß ich mit den Dornen die Sorgen dieser Welt meine, von denen sich viele Menschen immer wieder aufs neue umstricken lassen. Ihr aber, wie wollt ihr sie daran hindern? Denn ein jeder Mensch ist von Gott frei geschaffen worden. Allen bietet der Vater die Erlösung an, doch niemandem drängt er sie auf.
Freut euch aber, denn ein Teil der Samen, die ausgestreut werden, fällt auch auf guten Boden und bringt Frucht. Für jeden nämlich, der sich von der Botschaft vom Gottesreich ergreifen läßt, wird dieses Reich wie ein Schatz sein, den er in einem Acker findet. Er wird alles verkaufen, um den Acker zu erwerben und den Schatz zu besitzen. Wer die Frohe Botschaft so aufnimmt und sich durch sie verwandeln läßt, der wird dreißig-, siebzig-, ja hundertfache Frucht bringen.
Die Schar jener Fruchtbringer läßt sich wiederum mit einem Senfkorn vergleichen. Wie ihr wißt, ist das Senfkorn das kleinste von allen Samenkörnern. Doch sobald es hochgewachsen ist, ist es größer als alle anderen Gewächse. Ja, es ist so groß, daß die Vögel des Himmels kommen und in seinen Zweigen nisten.
Schon heute hat das Wachstum des Gottesreiches unter euch begonnen und der Vater wird es dereinst zur Vollendung führen.
Doch glaubt nicht, er handele in seinem Heilswillen gegen den Willen der Menschen. Vielmehr handelt er für uns und durch uns. So hat er auch euch durch mich zu Arbeitern in seinem Weinberg bestellt. Vernachlässigt eure Arbeit also nicht und verfallt ebensowenig dem Irrtum, heute sei der einzige Tag und ihr seid die einzigen Arbeiter."
„Herr", fragte ich da erschrocken, „was willst du damit sagen, wir sind zu Arbeitern in seinem Weinberg bestellt? Sollen denn wir wie du das Reich Gottes predigen?"
„Du sagst es, Simon", antwortete Jesus da. „Noch ist es zwar nicht soweit, doch der Tag wird kommen, da ich euch und viele andere

aussenden werde in alle Welt, die Frohe Botschaft zu verkündigen.“
So war das Wort, daß wir eine Sendung empfangen sollten, ausgesprochen.
Und so unvorstellbar es uns allen zu diesem Zeitpunkt auch noch erschien, es senkte sich ganz wie im Gleichnis Jesu in unsere Herzen, begann Wurzeln darin zu schlagen und zu wachsen.

X

Auch in der Nacht nach diesem zweiten Tag schliefen wir wieder im Freien. Am Abend des nächsten Tages, in dessen Verlauf sich uns weitere Jünger angeschlossen hatten, kehrten wir bei Didymus ein. Er war, da seine Frau jung gestorben, schon seit einigen Jahren Witwer.
Der Handel mit Stoffen hatte ihn weit herumkommen lassen in der Welt, und während wir an seiner Tafel lagen und reich bewirtet wurden, erzählte er uns von den fremden Ländern und Kulturen, die er kennengelernt hatte.
Ermüdet von den Wanderungen des Tages und angenehm schläfrig geworden vom Wein, lauschten wir seinen bildhaften Erzählungen, die uns in ferne Welten führten.
Und wie von ferne drang auch sein anschließendes Gespräch mit Jesus an unser Ohr, so daß wir später kaum zu sagen vermochten, ob wir es wirklich gehört oder nur geträumt hatten.
„Herr,“ sprach Didymus, „ich habe nicht nur die Heiligen Schriften unseres Volkes, sondern auch den Glauben, das Wissen und die Philosophie vieler anderer Völker studiert. Doch habe ich niemals so große Weisheit gehört wie bei dir. Die anderen sprechen von Gott, durch dich scheint Gott selber zu sprechen. Deshalb danke ich dir, daß du mich mit dir gehen läßt, und daß du mir die Ehre erweist, mit unseren Freunden heute Gast in meinem Hause zu sein. Bitte gewähre mir, daß ich dich befrage, denn schon so lange suche ich nach Antworten.“
„Wenn du schon lange suchst, Thomas“, sprach da Jesus, „so wirst du auch schon manches gefunden haben. Trage uns also nicht nur deine Fragen, sondern auch deine Antworten vor!“
Und Didymus kam der Aufforderung des Herrn nach: „In den ersten Kapiteln des ersten Buches Moses lese ich zwei verschiedene Berichte darüber, wie Gott die Welt erschaffen hat. Da aber beide Inhalt der

Heiligen Schriften sind, kann da der eine wahr und der andere falsch, müssen nicht vielmehr beide wahr sein? Dies jedoch kann nur angehen, wenn ihre Wahrheit auf einer anderen Stufe steht als etwa die Wahrheit eines Berichtes, den der Statthalter an den Kaiser schickt.
Denn was ist Wahrheit? Ein Kind wird sagen: ‚Dieses Schaf ist groß', weil es größer ist als das Kind selber. Ein Erwachsener wird sagen: ‚Dieses Schaf ist klein', weil es ihm gerade bis zur Hüfte reicht. Beide sprechen also die Wahrheit. Das Schaf aber ist weder groß noch klein, sondern es ist einfach ein Schaf.
Wer könnte die Wahrheit über die Schöpfung wissen, außer Gott, der sie erschaffen hat?
Daß aber die Welt von Gott erschaffen ist, kann der Mensch erkennen. Denn wir sehen, alles was existiert, hat eine Ursache aus der es hervorgegangen ist. Und auch die Ursachen haben wiederum ihre eigenen Ursachen. Am Anfang von allem aber muß etwas stehen, das selber keine Ursachen, das selber keinen Anfang hat. Dieser ungeschaffene Schöpfer ist es nun, den die Menschen Gott nennen.
Wollen wir mehr über ihn erfahren, so sind wir auf das angewiesen, was er uns selber über sich mitteilt. Und tatsächlich in sein Werk hinein, in seine Schöpfung hinein, spricht Gott seine Wahrheit aus. In ihr und durch sie teilt er sich uns mit. Denn so wie wir etwas über die Seele eines Künstlers erfahren, da wir sein Werk betrachten, so erfahren wir auch etwas über das Wesen Gottes, betrachten wir nur seine Schöpfung. Die Wahrheit ist in sie ausgegossen wie eine kostbare Flüssigkeit.
Wie aber jede Flüssigkeit etwas von dem Geschmack des Gefäßes annimmt, in dem sie lagert, so ist auch die Wahrheit Gottes, wenn sie sich in den Gedanken und Worten der Menschen äußert, stets gefärbt von deren Unvollkommenheit, von ihren Wünschen und Irrtümern.
Und so gibt es auch in unseren Heiligen Schriften, die ja über einen großen Zeitraum hinweg von einer großen Zahl sehr verschiedener Menschen verfaßt worden sind, zu vielen Fragen mehr als nur eine Antwort und eben auch mehr als nur einen Bericht über die Erschaffung der Welt.
Denn sprach nicht Gott selber einst zu Hiob: ‚Wo warst du, als ich die Erde gegründet? Sag es, wenn du Bescheid weißt.'? Dies aber bedeutet, daß niemand mit Gewißheit sagen kann, wie der Allmächtige alles

hervorgebracht hat. Zwar lassen sich durch die Beobachtung der Schöpfung Schlußfolgerungen über deren Entstehung ziehen, doch sind auch diese geprägt von den Eigenheiten derer, die sie formulieren. So sind etwa die Griechen der Meinung, Männer und Frauen könnten niemals miteinander glücklich werden, fänden aber, da sie sich nacheinander verzehrten, auch ohne einander keine Erfüllung. Dementsprechend berichten die hellenistischen Schöpfungsgeschichten, am Anfang aller Zeiten wären die Menschen in sich ruhende, glückliche Geschöpfe gewesen, bevor die Götter sie dann, zu ihrem grausamen Vergnügen, in zwei nicht zueinander passende, doch stets einander begehrende Hälften geteilt hätten.

Unser Glaube hingegen lehrt uns, daß Gott, da er sah, daß es nicht gut sei für den Mann, alleine zu bleiben, die Frau erschuf. Wenn aber Mann und Frau füreinander geschaffen sind, dann können sie auch gemeinsam glücklich werden.

Nun wirst du nach dieser langen Vorrede sicher wissen wollen, Herr, welche Frage ich dir eigentlich stellen möchte, und ich werde auch gleich zur Sache kommen.

Denn ähnlich freundlich wie unser Glaube das Verhältnis von Mann und Frau betrachtet, so stellt er uns auch die ganze Schöpfung als ein Paradies voller Anmut, Schönheit und Freude vor Augen.

Weiter heißt es dann jedoch, daß dieses Paradies uns Menschen verloren scheint, und als Grund für diese traurige Tatsache wird, ganz wie in deinen Predigten, unser Kleinmut genannt, unser vielfältiges und oft so sinnloses Sorgen.

Denn verführt durch die Schlange, so hören wir, verloren die Menschen ihr Vertrauen auf Gott, aßen die Frucht vom Baum der Erkenntnis, und da ihnen nun die Augen aufgingen, fing es auch schon an mit ihrem Sorgen und Sündigen.

Zunächst sorgten sie sich, da sie nackt waren, und verbargen sich deswegen vor Gott. Bald darauf sorgte Kain sich, weil er glaubte, Gott könne Abel mehr lieben als ihn, und er erschlug seinen Bruder. Und so ging es in einem fort mit den zur Erkenntnis fähigen Menschen.

Denn lügen wir nicht tatsächlich aus Sorge vor Strafe, stehlen wir nicht tatsächlich aus Sorge vor Armut, gehen nicht zuletzt alle unsere Sünden tatsächlich auf irgendwelche berechtigten oder unberechtigten Sorgen zurück? Natürlich soll dies keine Entschuldigung sein, denn

schließlich sind wir ja frei, unseren bösen Einfällen nicht nachzugeben. Und dennoch stellt sich mir die Frage - und diese Frage ist es, um deren Beantwortung ich dich bitten möchte: Warum hat der Allmächtige die Welt nicht so erschaffen, daß uns die Fähigkeit denken zu können erspart geblieben ist? Warum hat er - um weiter in dem altvertrauten Bild zu sprechen - nicht eine Welt ohne Schlange und ohne Erkenntnisbaum erschaffen? Uns wäre das Denken, uns wäre das Sorgen, uns wäre die Sünde erspart geblieben. So aber leben wir inmitten eines Paradieses als unerlöste, uns selber und unsere Mitmenschen quälende Geschöpfe.
Warum das alles? Zu welchem Zweck? Ich bitte dich, mir dies zu sagen, Herr.“
„Du fragst mich, Thomas“, sprach da Jesus, „doch glaube ich, daß du selber dir bereits eine Antwort zurecht gelegt hast.“
Und Didymus erwiderte: „Du sagst es. Doch scheue ich mich, sie auszusprechen, denn zu kühn erscheint mir der Gedanke.“
Jesus ermutigte seinen Jünger: „Fürchte dich nicht, sondern sprich aus, was dich die Wahrheit dünkt.“
Und so fuhr Didymus also fort: „Nun, Herr, mit deiner Erlaubnis, ich glaube es verhält sich vielleicht so: Zum einen bringt unsere Fähigkeit zu denken die unangenehmen Begleiterscheinungen des Sorgen- und Sündigenkönnens mit sich. Denn durch unser außergewöhnliches Erkenntnisvermögen sind wir nicht nur in der Lage, in die Zukunft zu schauen und uns vor ihr zu fürchten, sondern es ist uns auch gegeben, Dinge zu ersinnen, die uns vor dem Befürchteten schützen. Einige dieser Schutzmaßnahmen sind gut, wie etwa die Arbeit, andere sind böse, wie etwa der Diebstahl. Wir sind frei, das eine zu wählen oder das andere. So wie wir aber in allem frei sind zum Bösen, sind wir auch in allem frei zum Guten. Dadurch unterscheiden wir uns von den anderen uns bekannten Geschöpfen. Wäre es aber nicht möglich, daß Gott uns die Erkenntnisfähigkeit geschenkt hat, damit wir in der Lage sind, gut zu sein, ja damit wir in der Lage sind, wahrhaftig lieben zu können?
Um zu verdeutlichen, was ich hiermit meine, möchte ich deine Gedanken für einen Moment zu den Tieren lenken. Auch sie empfinden ja große Zuneigung für ihre Jungen und schenken ihnen ihre Fürsorge. Doch liegt es in ihrer Natur, so zu handeln. Sie können nicht dagegen an und nicht darüber hinaus, ja sie können nicht einmal den-

ken oder wünschen, darüber hinaus oder dagegen anzukommen. Uns Menschen ist kein unüberwindliches Maß für unser Verhalten gesetzt. Es liegt bei uns, ob und in welcher Weise wir einander liebevoll begegnen wollen. In dem Maß, aber in dem wir dies tun, werden wir zu den Geschöpfen, als die Gott uns gewollt hat, nämlich zu seinen Ebenbildern.

Der Preis für unsere Freiheit zur Liebe ist allerdings die damit einhergehende Freiheit zur Sünde."

„Doch erschien dir dieser Gedanke zu kühn, ausgesprochen zu werden, da du großes Mitgefühl empfindest für das Leid, dessen Zeugen wir hier auf Erden werden. Ist es so, Thomas?"

„Du sagst es, Herr."

„So wisse, daß Gott in der kommenden Welt alles Leid in Freude wandeln wird, ja daß er bereits heute bei seinen Geschöpfen ist, die schwer zu tragen haben an den unvermeidlichen Lasten des Daseins. Durch mich lehrt er euch, die Sorgen und die Sünden zu überwinden, durch mich lehrt er euch, den Tod nicht zu fürchten. Und er wird mich euch allen zum Zeichen dafür machen, daß er die Leiden seiner Geschöpfe schon in dieser Zeit mit ihnen trägt und erduldet.

Denn so sehr liebt Gott einen jeden von euch, daß er seinen einzigen Sohn hingibt, damit jeder, der an ihn glaubt, nicht an seinem Leid zugrunde geht, sondern die Kraft zu leben empfängt."

Und mit diesen geheimnisvollen Worten endete das Gespräch zwischen Didymus und unserem Herrn, von dem ich nicht mehr weiß, ob ich es wirklich gehört oder nur geträumt habe.

XI

Am Morgen des nächsten Tages bat Jesus Andreas und mich, heimzukehren nach Kafarnaum, da er dort am Sabbat die Synagoge besuchen und hinterher mit uns zusammen Mahl halten wollte.

Jakobus und Johannes schlossen sich uns an, und wir alle freuten uns darauf, unseren Familien von Jesus erzählen zu können.

Unterwegs beschlich uns allerdings die Sorge, man könne ungehalten sein, da wir uns seit Tagen nicht mehr um unsere Arbeit, nicht mehr um unsere Frauen und Kinder gekümmert hatten.

Und tatsächlich wurden wir dann auch auf sehr unterschiedliche Weise von den Unseren begrüßt. Zebedäus, der eigentlich am wenigsten Grund hatte uns zu vermissen, da er seinen Söhnen nie verantwortungsvolle Aufgaben übertragen hatte, beschwerte sich am meisten über unser Fortbleiben. Ansonsten zeigten sich die Familien von Johannes und Jakobus, ebenso wie auch die von Andreas und wie auch meine Rachel, sehr viel verständnisvoller und freuten sich einfach, daß wir wieder da waren.

Rachels Mutter allerdings, die wir, als sie Witwe geworden in unser Haus aufgenommen hatten, war ein ähnlich sorgenvolles Gemüt wie Zebedäus. Und so war sie über die Aufregung, in die sie wegen meines Fortgehens geraten war, krank geworden und lag nun mit Fieber zu Bett. Als sie dann erfahren mußte, daß jener Jesus aus Nazareth, dem ich gefolgt war, am nächsten Tag mit uns das Sabbatmahl einnehmen würde, verschlimmerte sich ihr Zustand sogar noch.

Solange sie bei uns gewohnt, hatte sie mir nie wegen irgendeiner Sache Vorwürfe gemacht, da sie glaubte, in meinem Hause stünde ihr das nicht zu. Dafür war sie jedoch regelmäßig krank geworden, wenn ihr irgend etwas nicht gepaßt hatte - eine sehr viel unangenehmere Form des Vorwurfes als offene Worte, da man sich mit dem Fieber nicht auseinandersetzen konnte. So hatte ich mir angewöhnt, ihr um des Friedens willen fast immer nachzugeben, was mir leichter gefallen war, als ihr vorwurfsvolles Leiden zu ertragen.

Da es aber um die Einladung Jesu in unser Haus ging, konnte sie diesmal nicht mit meinem Nachgeben rechnen. Sollte sie sich erhitzen, wie sie wollte, ich würde niemandem, und erst recht nicht dem Herrn, meine Gastfreundschaft vorenthalten.

Zum Glück war Rachel ein ganz anderer Mensch als ihre Mutter. Als ich ihr von Jesus erzählte, verstand sie nicht nur meine Begeisterung für das, was ich von ihm empfangen hatte, sondern teilte sie sogar. So geschah es, daß sie der erste Mensch war, den ich für seine Frohe Botschaft gewinnen konnte. Und als ich ihr sagte, daß ich ihm, wenn er mich ließe, auch weiter folgen wolle, tat sie nichts, um mich zurückzuhalten, sondern war glücklich, daß ich jemanden gefunden, der mich von meiner Schwermut geheilt hatte.

Unser Vertrauen zueinander war groß, und ich versprach ihr, daß ich sobald als möglich zu ihr zurückkehren oder sie zu mir holen würde. Von letzterem wollte sie allerdings nichts wissen, da sie ihre Mutter,

die zur Zeit dringender auf sie angewiesen war als ich, nicht alleine lassen wollte.
Einige Jahre später kam sie dann zu mir nach Jerusalem, begleitete mich auf meinen Reisen und ist mir schließlich in die Ewigkeit vorangegangen.

XII

Am Sabbat trafen Andreas, Johannes, Jakobus und ich mit Jesus und den anderen Jüngern in der Synagoge zusammen. Natürlich hatten alle, die sich an diesem Tag dort versammelten, besonders die Schriftgelehrten und Pharisäer, schon von Jesus und seinen Predigten wie auch von der Tatsache, daß er Jünger berief, gehört.
Mit Spannung, vor allem aber mit Skepsis, beobachteten sie nun den Herrn, denn es war ihnen, die sie ihre Augen und Ohren überall hatten, nicht entgangen, daß er in einer anderen Weise von Gott sprach, als sie es taten. Hörte man ihnen nämlich zu, so lautete ihre Botschaft: „Tut dies und laßt jenes! Seid folgsam und ihr werdet das Heil gewinnen, verstoßt gegen das Gesetz und ihr fallt den Qualen des ewigen Feuers anheim.“ Jesus hatte sich bis zu diesem Zeitpunkt noch überhaupt nicht zum Gesetz geäußert, doch alleine dieses Schweigen zu ihrem Lieblingsthema machte ihn in ihren Augen bereits verdächtig.
Trotz der Spannung, die so in der Luft lag, verlief der Gottesdienst zunächst in der gewohnten Weise. Als dann am Ende die Lesung aus einem der Propheten sowie eine Predigt über den Text anstand, bat man Jesus, dieses ehrwürdige Amt zu verrichten.
Er erhob sich, öffnete die Schriftrolle des Propheten Jesaja, die ihm vom Synagogendiener gereicht worden war, und las vor:

„Der Geist Gottes ruht auf mir,
denn er hat mich gesalbt.
Er hat mich gesandt,
damit ich den Armen eine Frohe Botschaft bringe,
und alle heile, deren Herz zerbrochen ist;
damit ich den Gefangenen die Entlassung verkünde
und den Gefesselten die Befreiung;
damit ich ein Gnadenjahr des Herrn ausrufe,

einen Tag der Vergeltung unseres Gottes;
damit ich alle Trauernden tröste,
die Trauernden Zions erfreue,
ihnen Schmuck bringe anstelle von Schmutz,
Freudenöl statt Trauergewand,
Jubel statt Verzweiflung."

Nachdem er dies vorgelesen hatte, rollte er die Schrift des Propheten wieder zusammen und setzte sich. Hochgespannt richteten alle ihr Augenmerk auf ihn und erwarteten, wie er diese Worte auslegen, ob er der Schriftgelehrten Tradition entsprechend predigen würde.
Er aber sprach nur: „Heute hat sich das Wort, das ihr eben gehört habt, erfüllt."
Einen Moment lang herrschte Stille. Alle erwarteten, daß Jesus noch mehr sagen würde als diesen einen Satz. Dann aber ging ihnen die Bedeutung jener wenigen Worte auf und sie gerieten in Unruhe.
Und einer der Schriftgelehrten fragte: „Weißt du denn nicht, daß es der Messias ist, von dem hier die Rede ist? Wie kannst du behaupten, daß sich das Schriftwort erfüllt hat? Hältst du dich wohlmöglich selber...?"
Doch bevor er diesen Satz noch beenden konnte, gellte ein lauter Schrei durch die Versammlung. Ein Mann aus unserer Stadt, der von sich glaubte und von dem auch alle anderen glaubten, er sei von einem Dämon, einem unreinen Geist besessen, war es, der so aufgebrüllt hatte. Und er schrie nun voll des Wahnsinns Jesus an: „Was haben wir mit dir zu tun, Jesus von Nazareth? Bist du gekommen, uns ins Verderben zu stürzen? Ich weiß, wer du bist!"
Erschrocken wichen die Menschen vor dem Tobenden zurück, zugleich auf unheimliche Weise fasziniert von ihm. Er aber schleppte sich mit verrollten Augen und scheinbar unter Aufbietung seiner letzten Kräfte auf Jesus zu und fuhr ihn mit viehischer Stimme an: „Ich weiß, wer du bist: der Heilige Gottes!"
Jesu zeigte keine Furcht. Voller Mitleid und Verständnis, doch zugleich sehr entschieden, befahl er dem Mann oder vielmehr dem unreinen Geist, von dem dieser sich besessen glaubte: „Schweig und verlaß ihn!"
Da riß es den Mann noch einmal hin und her, ein letzter gepeinigter Schrei, der allen, die ihn hörten, durch Mark und Bein ging, entrang

sich ihm und er fiel zu Boden. Reglos blieb er liegen, und wir fragten uns, ob er tot sei. Doch wagte es niemand, sich ihm zu nähern, da wir alle befürchteten, er könne wieder aufspringen und noch wahnsinniger toben.
Ohne der anderen zu achten, ging Jesus auf den am Boden liegenden zu, bückte sich zu ihm nieder und legte ihm sanft wie eine Mutter ihrem Kind die Hand auf die Stirn. Da schlug der Mann die Augen wieder auf, sah Jesus und lächelte voller Dankbarkeit und Vertrauen. Jesus half ihm aufzustehen und begleitete ihn aus der Synagoge.
Die Gottesdienstbesucher standen wie erstarrt. Als sie wieder zu sich kamen, fragten sie einander voller Staunen und Schrecken, fragten sie auch die Schriftgelehrten: „Was hat das zu bedeuten? Dieser Mann predigt, als hätte Gott selber ihn dazu gesandt und tatsächlich hat er sogar die Kraft, den unreinen Geistern zu gebieten!"
Die Schriftgelehrten gaben ihnen keine Auskunft, sondern zogen sich zusammen mit den Pharisäern mißmutig und verunsichert zurück.
Wir Jünger, nachdem sich auch unser Staunen gelegt hatte, nahmen nicht an der Unterhaltung teil, sondern verließen wie zuvor Jesus die Synagoge.
Draußen fanden wir den Herrn allein. Denn dem Mann, den er geheilt, hatte er geraten, die Stadt zu verlassen, und dieser war seinem Rat gefolgt. Ich habe ihn nie wieder gesehen, und da ich auch vorher nie mit ihm zu tun gehabt, entsinne ich mich leider nicht seines Namens.
An ihm aber hatte der Herr sein erstes Heilungswunder gewirkt, und die Nachricht hierüber verbreitete sich schnell im ganzen Gebiet von Galiläa.

XIII

Bevor noch irgend jemand sonst die Synagoge verließ, gingen wir, der Herr und seine Jünger, in mein und meines Bruders Haus, wo das Sabbatmahl für uns bereitet war.
Die Frauen begrüßten uns, vor allem natürlich Jesus, mit großer Freundlichkeit. Meine Schwiegermutter allerdings lag nach wie vor mit Fieber im Bett. Da bat Rachel den Herrn, ob er nicht mit ihrer Mutter sprechen wolle, damit auch sie ihn kennenlernen und ihre Sorge verlieren könne.

Jesus freute sich über Rachels Glaube und ließ sich zu ihrer Mutter führen. Er bat darum, mit der Kranken allein gelassen zu werden, und kehrte, die überraschend Genesene an der Hand führend, bald darauf in unsere Mitte zurück.
Das Fieber war von ihr gewichen, und sie, die krank geworden, weil Jesus in unser Leben getreten war, bestand nun darauf, uns und vor allem ihn während des Mahles zu bedienen.
Und es war bewegend zu sehen, wie sie zum ersten Mal, seit ich sie kannte, mit sich selbst und der Welt im Frieden war.

Als am Abend dieses Tages die Sonne unterging, hörten wir, wie eine große Gruppe Menschen sich vor dem Haus versammelte. Die ganze Stadt war vor der Tür zusammengekommen, denn es hatte sich herumgesprochen, daß Jesus unser Gast war. Man bat den Herrn herauszukommen, da jede Familie ihre Kranken gebracht hatte, hoffend, Jesus könne sie ebenso heilen wie den Mann in der Synagoge. Nach diesem aufsehenerregenden Ereignis war auch eine ganze Reihe von Leuten, denen dieser Gedanke vorher noch nie gekommen war, zu der Überzeugung gelangt, sie seien von Dämonen besessen, die sie nun ausgetrieben zu wissen wünschten.
Unnötig zu erwähnen, daß als Jesus heraustrat und allen wirklich Kranken ebenso wie allen vermeintlich Besessenen die Hände auflegte, letztere sämtlich geheilt wurden. Doch auch jene, die nicht nur Opfer ihrer Einbildung waren, empfingen große Kraft vom Herrn, so daß ihre Schmerzen gelindert und ihre Zuversicht gestärkt wurde.

XIV

Nachdem sich Jesus, erschöpft von dem Andrang der Menschen, zur Ruhe gelegt hatte, unterhielten wir anderen uns über die Dinge, deren Zeugen wir an diesem Tag geworden waren, vor allem über die unfaßbare Heilung des Besessenen in der Synagoge.
Und da wir darüber sprachen, bemerkten wir, daß Didymus uns zwar zuhörte, sich aber nicht selber äußerte. So fragten wir ihn nach seiner Meinung.
Er antwortete: „Nun Freunde, ich muß euch sagen, daß ich nicht so recht an die Existenz von Teufel und Dämonen zu glauben vermag."

Hierüber waren wir alle sehr erstaunt, denn dieser Glaube war so weit verbreitet in unserem Land, daß er uns als ganz selbstverständlich erschien.
Didymus aber erklärte, daß in den älteren unserer Heiligen Schriften nichts darüber zu finden sei, wohl bei den Babyloniern, zu denen unsere Vorväter ja einst ins Exil verschleppt worden waren. So nahm Didymus also an, daß aus dieser Zeit unser Glaube an jene Wesen rühre.
„Das allein bedeutet natürlich nicht, daß diese Vorstellungen falsch sind," sprach er, „doch fällt es mir schwer zu denken, Gott sollte Wesen geschaffen haben, deren einzige Bestimmung es sei, uns unseres freien Willens zu berauben und uns somit zu Werkzeugen des Bösen zu machen."
Eine solche Betrachtungsweise war uns neu, doch wußten wir Didymus nicht zu widersprechen.
„Wir müssen uns natürlich fragen," fuhr er fort, „was denn, wenn es keine Dämonen geben sollte, die Krankheit jener Menschen ist, die wir für besessen halten. Nehmt zum Beispiel jenen Mann heute morgen, von dem es heißt, daß ein unreiner Geist in ihm gewohnt habe.
Dieses Wort unrein, kommt es euch nicht sehr vertraut vor aus der Sprache der Pharisäer? Ist es nicht möglich, daß die lebenslange Sorge, dem Gesetz nicht genügen zu können, nicht rein genug zu sein, diesen Mann in den Wahnsinn getrieben hat?
Denkt an Simons Schwiegermutter. Wir würden nicht behaupten, daß sie von einem Fieberdämon befallen war, sondern wir wissen, daß sie sich aus Ärger und Sorge erhitzt hat. Als sie nun Jesus kennenlernte, änderten sich ihre Gefühle für ihn und sie wurde gesund.
Natürlich war die Krankheit des Mannes in der Synagoge sehr viel ernsthafter als ihre und seine Heilung entsprechend erstaunlicher. Doch sollten wir nicht eher annehmen, daß er durch das, was er über Jesu Predigten von der Barmherzigkeit Gottes gehört hat, von seinem Reinheitswahn befreit wurde, als daß wir an böse Geister glauben?"
Wir wußten nicht recht, was wir Didymus auf diese Frage antworten sollten. Einer aber wollte wissen: „Wenn es so wäre, wie du sagst, und es keine Dämonen gäbe, warum hat dann Jesus nicht zu dem Mann gesprochen, der ihn angeschrien, sondern zu dem unreinen Geist, von dem du behauptest, daß es ihn gar nicht gibt?"

„Das habe ich mich auch gefragt,“ antwortete da Didymus, „und ich bin zu der Auffassung gelangt, daß er es tat, weil der Mann selber glaubte, besessen zu sein, und er ihn nur heilen konnte, wenn er ihn und seine Krankheit ernst nahm. Doch kann ich euch natürlich nicht mit Gewißheit sagen, daß es sich so verhält.“
Und weitersprechend wandte er sich an mich: „Simon, dich hat der Herr doch als ersten von uns zu seinem Jünger gemacht. Was denkst du also?“
Ich war überrascht, auf diese Weise angesprochen zu werden, denn ich hatte bisher noch gar nicht bemerkt, daß ich, da Jesus mein Boot ausgewählt hatte, um darin zu predigen, den anderen als sein Erstberufener galt.
Ihnen erschien das aber als ganz selbstverständlich, und so erwarteten sie von mir nun eine Antwort, die ich ihnen gar nicht zu geben vermochte.
So sagte ich: „Ich bin nur ein Fischer und nicht so gebildet wie du, Didymus. Ich weiß nicht, ob es Dämonen gibt, oder ob wir diese Frage jemals beantworten können. Aber ich weiß, daß heute Menschen von ihren Krankheiten geheilt wurden, und daß wir, die wir hier sitzen, ebenso wie viele andere, die den Herrn in den letzten Tagen haben predigen hören, dadurch heil geworden sind an der Seele.
Ich glaube, daß der Mann in der Synagoge, obwohl er doch wahnsinnig war, es richtig erkannt hat: Jesus ist ein Heiliger Gottes. Das ist alles, was ich wissen muß, um ihm auch weiterhin zu folgen.“
Und nachdem ich dies gesagt hatte, pflichteten alle meinen Worten bei.

XV

Als wir am nächsten Tag erwachten, erfuhren wir, daß Jesus bereits in aller Frühe, als es noch dunkel gewesen, aufgestanden war und die Stadt verlassen hatte.
Draußen vor unserem Haus standen schon wieder Leute, die ihn sehen wollten, und so machten wir uns auf den Weg, ihn zu suchen.
Schließlich fanden wir ihn an einem einsamen Ort, wohin er sich zurückgezogen hatte, um zu beten. Als wir ihm sagten, daß man in Kafarnaum auf ihn warte, antwortete er: „Laßt uns anderswohin gehen, damit ich auch dort predige. Denn dazu bin ich gekommen.“

Und so zogen wir von diesem Tage an durch ganz Galiläa. Jesus fuhr fort, den Menschen das Reich Gottes überall dort zu verkündigen, wo er sie antraf.
Auch predigte er fast jeden Tag in den Synagogen. Während diese Gebetshäuser normalerweise nur am Sabbat gut besucht waren, an anderen Tagen aber kaum die für einen Gottesdienst notwendigen zehn Männer zusammenkamen, so waren sie an den Tagen, an denen Jesus sie aufsuchte, stets überfüllt.
Der Ruf des Herrn verbreitete sich schnell im Lande, und immer mehr Menschen kamen zusammen, um ihn predigen zu hören.
Und auch die Zahl seiner Jünger wuchs stetig.

XVI

Eines Tages, als sich Jesus mit seiner Gefolgschaft wieder einmal einer Stadt näherte, kam ihm von dort ein Aussätziger entgegen. Wir alle traten weit auseinander, um nicht mit ihm in Berührung zu kommen. Wir taten dies nicht nur der Reinheitsvorschriften des jüdischen Gesetzes wegen, sondern vor allem, weil wir Angst hatten uns anzustecken.
Der Herr aber ging seinen Weg unbeirrt weiter und machte keine Anstalten, dem fürchterlich Entstellten auszuweichen. Dieser nun kam auf Jesus zu, fiel vor ihm auf die Knie und bat ihn: „Herr, wenn du willst, kannst du machen, daß ich rein werde."
Da streckte Jesus zu unser aller Entsetzen seine Hand aus und berührte den Menschen. Und er sprach zu ihm: „Ich will es - werde rein."
Und es geschah etwas, was ich niemals zuvor und niemals hernach in meinem Leben gesehen habe: Vor unseren Augen wandelte sich die eben noch von Aussatz zerfressene Haut dieses Mannes und wurde von einem Augenblick auf den nächsten völlig rein und gesund!
Kaum daß dies geschehen war, half Jesus dem wunderbar Geheilten, der immer noch vor ihm kniete, auf und bat ihn: „Geh, und erzähle niemandem davon, wie du geheilt worden bist."
Und so kehrte der Mann um und ließ den Herrn und uns, seine fassungslos staunenden Jünger, zurück.
Jesus aber ging mit uns nicht in jene Stadt, aus der der ehemals Aussätzige gekommen war, weil er wohl schon ahnte, daß jener die

Geschichte, obwohl er ihm zu schweigen geboten hatte, dort weitererzählen würde.

XVII

Am Abend dieses Tages saßen dieselben Jünger beieinander, die sich über die Heilung in der Synagoge von Kafarnaum unterhalten hatten. Und einer von uns fragte Didymus: „Glaubst du nun endlich, daß Jesus Wunder wirken kann, oder hast du auch für das, was heute geschehen ist, eine deiner Erklärungen bereit?"
Didymus entgegnete: „Ich habe nie an der Wunderkraft unseres Herrn gezweifelt und ich weiß keine Erklärung für diese Heilung. Allerdings glaube ich auch nicht, daß dies oder irgend ein anderes Wunder gegen die Gesetze der Natur verstößt und damit für immer unerklärlich bleiben muß."
„Wie?", lachte da der andere. „Wie kann etwas natürlich und gleichzeitig wunderbar sein?"
Und Didymus gelassen: „Du gibst dir die Antwort, indem du fragst. Ist nicht die Natur selber auf höchste Weise wunderbar? Ist nicht die ganze Schöpfung ein einziges Wunder Gottes? Er hat sie aus dem Nichts geschaffen und ihr ewig gültige Gesetze verliehen, nach denen sie wächst und ständig Neues aus sich hervorbringt.
Ist nicht jeder neue Tag, ist nicht jedes Lebewesen, das geboren wird, ein Wunder Gottes? Doch erschafft Gott weder die einzelnen Tage noch die einzelnen Lebewesen so, wie er am Anfang alles erschaffen hat. Du bist das Kind deiner Eltern, so wie sie die Kinder ihrer Eltern sind. Gleichzeitig sind wir alle Kinder Gottes, weil wir aus seiner Schöpfung hervorgegangen sind, die sich nach seinen Gesetzen entwickelt.
Einen Teil dieser Gesetze verstehen wir, da Gott uns die Gabe der Erkenntnis geschenkt hat. Indem wir sie nutzen, gewinnen wir immer tiefere Einsichten in die Wunder der Schöpfung. Doch hören sie dadurch auf, wunderbar zu sein?
Du weißt, wie man ein Kind zeugt. Wenn du dann aber dieses Kind im Leib deiner Frau wachsen siehst, wenn es schließlich geboren wird und du es auf deinem Arm hältst, spürst du dann nicht das Wunder dieses Lebens, obwohl du es selber gezeugt hast?

Wir vermögen es, einige der Gesetze, die Gott seiner Schöpfung eingepflanzt hat, zu beschreiben und sie uns zu Nutze zu machen. Das ihnen innewohnende Wunder können wir nicht mit unserem Verstand, sondern nur mit unserem Herzen erfassen. Denn mit unserem Verstand beobachten wir und erkennen einzelne Teile der Wirklichkeit. Aber selbst wenn wir alle ihre Teile und deren Zusammenhänge untereinander kennen würden, so bliebe unserem Verstand doch noch immer das Geheimnis des Ganzen entzogen. Denn das Ganze ist mehr als die Summe seiner Teile und ihrer Zusammenhänge.
So verhält es sich auch mit dem, was wir wunderbar nennen. Die Bedeutung solcher Ereignisse liegt nicht in ihrer Unerklärbarkeit, sondern in ihrem zeichenhaften Charakter. Durch Jesus, der den wahren Willen Gottes verkündigt, wird der, der krank war, gesund, und was unrein war, wird rein.
Das Wunder aber entspringt der Natur, es widerspricht ihr nicht.
Denn da wir noch lange nicht alle Gesetze der Schöpfung kennen, können wir auch nicht behaupten, daß es diesen Gesetzen widerspricht, wenn ein Aussätziger plötzlich wieder rein wird. Auch wenn so etwas nur sehr selten geschieht, ja selbst wenn es nur ein einziges Mal geschehen würde, so ließe sich daraus nicht zwangsläufig schließen, daß es widernatürlich ist. Im Gegenteil: Wenn wir Wunder als Zeichen Gottes begreifen, so macht es doch wenig Sinn anzunehmen, der Allmächtige müsse gegen seine eigenen Gesetze verstoßen, um uns ein solches Zeichen zu setzen. Ist es nicht ein viel größeres Wunder, daß seine Schöpfung so angelegt ist, daß sie uns aus ihr erwachsen?
Ich habe niemals einen Menschen gesehen, der von einer größeren Liebe erfüllt war, der Gott in seiner Liebe ähnlicher war als Jesus. Ich habe selten einen Menschen gesehen, dessen Glaube und Gottvertrauen so groß war wie der des Aussätzigen, der heute geheilt wurde. Er hat die Gefahr auf sich genommen, gegen alle Vorschriften zu verstoßen, die es ihm verboten hätten, sich einem Gesunden zu nähern. Er wagte dies, da er auf Jesus vertraute, von dem er glaubte, daß er ihn rein machen könnte. Sein Glaube, mit dem er auf Jesus zuging, und die Liebe Jesu, mit der er sich dem Kranken zuwandte, haben das Wunder dieser Heilung bewirkt.
Ich wünschte, wir könnten vom Herrn lernen, ebenso zu lieben und ebenso zu glauben. Brüder, wir würden Wunder wirken so wie er."

XVIII

Wie der Herr es befürchtet hatte, erfüllte der Mann, den er vom Aussatz geheilt, seine Bitte nicht, sondern nachdem er weggegangen, erzählte er bei jeder Gelegenheit, was geschehen war. So wurde er für kurze Zeit zu einer Berühmtheit, bis die Leute sich satt gehört hatten an seiner Geschichte.

Jesus konnte sich während dieser Zeit in keiner der Städte zeigen, in der der Geheilte seine Kunde verbreitet hatte. So hielten wir uns eine Weile nur noch an einsamen Orten auf. Doch die Leute kamen auch dorthin von überall her, um den Herrn predigen zu hören und Heilung von ihm zu erfahren.

Als sich die erste Aufregung um die Heilung des Aussätzigen gelegt hatte, kehrten wir nach Kafarnaum zurück und waren dort im Hause des Zebedäus zu Gast.

Er war zwar immer noch nicht besonders glücklich darüber, daß seine Söhne Jesus folgten, anstatt ihrem Vater bei der Arbeit zu helfen, doch hatte der große Ruf, den der Herr mittlerweile erlangt hatte, den Alten etwas milder gestimmt, und er bot uns die Gastfreundschaft seines Hauses an.

Sehr bald versammelte sich nun draußen eine große Menschenmenge, um Jesus zu hören.

Wir waren überrascht zu sehen, daß unter diesen Leuten sehr viel mehr Schriftgelehrte und Pharisäer waren als jene, die bei uns in Kafarnaum lebten. Doch erfuhren wir, daß sie auch aus anderen Städten herbeigekommen waren, um sich über den Herrn zu beraten.

Denn mehr und mehr war ihnen während der letzten Wochen ihr Verdacht zur Gewißheit geworden, daß seine Frohe Botschaft vom Reich Gottes nicht mit ihrer Lehre übereinstimmte.

Jesus predigte den Menschen, daß Gott sie liebe und ihnen Vergebung schenke. Er gab ihnen Zuversicht und Lebensfreude und vertraute darauf, daß sie, erlöst von ihren irdischen Sorgen und erlöst von ihrer Furcht vor dem Zorn Gottes, mit derselben Liebe, mit der sie geliebt wurden, auch einander lieben könnten. So ermutigte er sie zu sorgloser Barmherzigkeit, indem er ihren Glauben stärkte und ihre Freude und Hoffnung erweckte.

Die Pharisäer aber lehrten den Weg des Gesetzes. Die Thora war ihnen so heilig, daß sie tatsächlich glaubten, Gott selber würde jeden Tag in ihr studieren. Nur wer die Gesetze dieses Buches beachtete, so lehrten sie, den würde der Allmächtige erretten, alle anderen aber würden seinem Gericht verfallen. Vergebung war ihrer Meinung nach nur schwer zu erlangen und mußte durch gute Taten erkauft werden.

Die Freimütigkeit mit der Jesus verkündigte, Gott schenke diese Vergebung, die Freimütigkeit mit der er von Nächstenliebe statt von Gesetzestreue sprach, ärgerte die Pharisäer. Doch wußten sie nicht, wie sie ihm einen Vorwurf daraus machen sollten. Denn schließlich war auch in den Heiligen Schriften von Gottes Großmütigkeit zu lesen, und so konnte man nicht behaupten, daß er gegen die Glaubenslehre verstoße, da er ja der Überlieferung entsprechend predigte. Sein fortgesetztes Schweigen über die Heilsbedeutung des Gesetzes jedoch ließ sie immer mehr über ihn in Wut geraten.

Und so waren sie und auch ihre Meister, die Schriftgelehrten, zusammengekommen, um zu beraten, wie sie sich ihm gegenüber verhalten sollten. Ja, selbst aus der Hauptstadt, wo die Schriftgelehrten im Synhedrium, dem höchsten jüdischen Gericht, eine wichtige Stellung einnahmen, hatte man eine Delegation entsandt.

Nun, da Jesus im Haus des Zebedäus zu Gast war, eilten auch sie mit den anderen Menschen herbei, um ihn zu hören.

Er aber, da er an die Tür trat, um zu predigen, ließ sich nicht von ihnen verunsichern. Ungeachtet ihrer Aufmerksamkeit, mit der sie darauf lauerten, er möge etwas sagen, woran sie Anstoß nehmen könnten, sprach er zu seinen Zuhörern vom Reich Gottes.

Es hatten sich so viele Menschen versammelt, daß kein Platz mehr vor der Tür war und Jesus vom Inneren des Hauses aus redete.

Da kamen vier Männer, die einen Gelähmten auf einer Bahre trugen und ihn zum Herrn bringen wollten. Wegen der vielen Leute war es ihnen unmöglich durchzukommen. So gingen sie um das Haus herum, kletterten auf das Dach, deckten an der Stelle, unter der Jesus stand, die Ziegel ab und ließen ihren gelähmten Freund auf seiner Tragbahre durch das Dach herab.

Als Jesus das sah, freute er sich sehr über den Glauben dieser Menschen, der sie alle Hindernisse überwinden ließ. Und etwas sehr Ungewöhnliches geschah. Zunächst sprach der Herr nämlich zu dem Gelähmten: „Deine Sünden sind dir vergeben.“

Dann aber fragte er die Schriftgelehrten und Pharisäer, deren Gedanken leicht zu erraten waren: „Was habt ihr auf dem Herzen? Könnt ihr es nicht ertragen, daß Gott aus seiner Güte heraus den Menschen Verzeihung schenkt, daß er ihre Sünden nicht achtet, sondern sie einlädt in sein Reich? Ihr denkt, weil ihr ein Leben führt, das ihr gerecht nennt, stünde nur euch die Gnade Gottes zu. Durch die Vorschriften, die ihr ersinnt, lähmt ihr die Menschen, lähmt ihr alles Leben. Nun seid ihr gekommen, einen Weg zu suchen, die Frohe Botschaft von der Vergebung aus der Welt zu schaffen, sie unausgesprochen und vergessen zu machen.

Ich aber frage euch: Was ist leichter, zu diesem Menschen zu sagen: ‚Deine Sünden sind dir vergeben', oder zu sagen: ‚Steh auf, nimm deine Bahre und geh umher'?"

Doch weder die Schriftgelehrten noch die Pharisäer erwiderten etwas auf diese Frage. Denn natürlich dachten auch sie, daß es leichter sei, Sünden zu vergeben. Sie wollten dies aber nicht zugeben.

So sprach Jesus also: „Ihr sollt erkennen, daß ich die Vollmacht habe, die Vergebung der Sünden zu verkündigen, daß ich die Vollmacht habe, die Lähmung, die ihr über die Menschen gebracht habt, von ihnen zu nehmen."

Und nachdem er dies gesagt hatte, wandte er sich dem Kranken zu und sprach: „Steh auf, nimm deine Bahre und geh nach Hause."

Und ohne zu zögern, ohne zu zweifeln, stand dieser tatsächlich auf und tat, was Jesus ihm gesagt hatte.

Da gerieten die Leute, die Zeugen dieses Wunders geworden waren, außer sich. Sie wußten ihrer Fassungslosigkeit keinen Ausdruck zu geben, priesen Gott und sprachen: „So etwas haben wir noch nie gesehen!"

Für die Schriftgelehrten und Pharisäer aber bestand nunmehr kein Zweifel mehr daran, daß Jesus eine Gefahr für sie und ihre Lehre darstellte. Und sie suchten nach einem Weg, ihn als Sünder verächtlich zu machen.

XIX

Nachdem Zebedäus die Tür seines Hauses wieder verschlossen hatte, weil die Leute sonst bei ihm eingedrungen wären, um Jesus zu berühren, und während er sich bemühte, die Lücke im Dach aus demselben Grund notdürftig zu verschließen, da faßte seine Frau Johannes und Jakobus am Ärmel, zerrte die Ahnungslosen hinter sich her zu Jesus, fiel vor dem Herrn auf die Knie und bat ihn: „Versprich, daß meine beiden Söhne in deinem Reich rechts und links neben dir sitzen dürfen!“

Jesus wie auch uns anderen fiel es schwer, seine Erheiterung über diese Szene nicht allzu offen zu zeigen. Er faßte sich aber und sprach: „Die Plätze zu meiner Rechten und meiner Linken habe nicht ich zu vergeben; dort werden die sitzen, für die mein Vater diese Plätze bestimmt hat.“

„Dein Vater?“, fragte die Frau des Zebedäus erstaunt.

Johannes, dem das alles sehr peinlich war, und der seiner Mutter half, sich wieder zu erheben, erklärte: „Er meint unser aller Vater, Gott im Himmel.“

Und Jesus sprach: „So ist es. Denn ihn, dessen Namen die Schriftgelehrten und Pharisäer nicht auszusprechen wagen, dürfen wir getrost und voller Dankbarkeit als unseren Vater ansprechen. So wie ein Vater, so wie eine Mutter sorgt er sich nämlich um uns und ist für uns da. Sein Reich ist ein Reich der Liebe, in dem Größe nicht Herrschen oder Macht ausüben bedeutet, sondern Dienen. Deine Söhne sind mir sehr lieb, denn ihr Dienst an Gott und dem Nächsten ist groß.“

Da begann die Mutter des Jakobus und des Johannes zu verstehen.

Ihren Mann hörten wir im Hintergrund fluchen, da er sich mit dem Hammer auf den Daumen geschlagen hatte.

XX

Als wir am nächsten Tag Kafarnaum verließen und am See Gennesaret entlanggingen, sahen wir an seiner Station den Zöllner Matthäus sitzen.

Und zu unser aller Erstaunen ging Jesus auf ihn zu und sprach zu ihm: „Folge mir nach.“

Da stand Matthäus auf und folgte ihm. Jesus bat ihn, heimzugehen und ein Mahl vorzubereiten, da er am Abend bei ihm zu Gast sein wollte.

Um unser Erstaunen zu begreifen, müßt ihr wissen, daß die Zöllner die am meisten verachtetsten Menschen unseres Volkes waren. Während fast alle anderen Juden in jeder Hinsicht unter der Fremdherrschaft der Römer litten, machten sie mit unseren Zwingherren Geschäfte und beuteten dabei die Menschen ihres eigenen Volkes hemmungslos aus. Für eine bestimmte Summe Geldes kauften sie bei den Römern das Recht, Steuern, wie etwa Wegegeld oder Marktzoll, eintreiben zu dürfen. Die Römer ließen ihnen dann freie Hand, und sie selber scheuten vor keiner Übertretung, vor keinem Betrug zurück, wenn es darum ging, soviel Geld wie nur möglich aus ihrem teuer erkauften Recht herauszuschlagen.

Den Pharisäern galten die Zöllner als hoffnungslos verloren, da sie so viele Sünden begangen hatten, daß sie sie niemals wiedergutmachen, ja daß sie sich noch nicht einmal an alle erinnern konnten. Und auch wir anderen Juden lebten voller Abscheu vor den Männern dieses Berufsstandes, da wir ständig von ihnen ausgenommen wurden.

Jesus war nun hingegangen, hatte einen von ihnen zu seinem Jünger gemacht und sich und uns alle auch noch in sein Haus eingeladen. Doch obwohl uns unbehaglich dabei war, widersprachen wir ihm nicht, da wir ahnten, daß es ihm darum ging zu zeigen, daß die Vergebung Gottes keine Grenzen kannte.

Einer nun, der kürzlich zu uns gestoßen war, meldete Bedenken an. Sein Name war Judas Ischariot, eben jener Jünger, der unseren Herrn später verraten sollte.

Judas hatte, bevor er sich Jesus angeschlossen, große Sympathien für die Pharisäer gehegt und sogar bewogen, einer von ihnen zu werden. Dann hatte er von unserem Herrn gehört und war ihm gefolgt. Doch war seine Zuneigung für die Pharisäer niemals erloschen.

Er lebte scheinbar in der Vorstellung, die Schriftgelehrten und Pharisäer verkündigten den rechten Glauben, Jesus aber brächte einige Neuerungen, die die ehrwürdigen Bewahrer der Lehre, wenn der Herr sie ihnen nur ausführlich darlegte, begrüßen müßten, da sie doch in voller Übereinstimmung mit dem uns Überlieferten standen.

Ich glaube, er hat es niemals verstehen wollen, vielleicht auch nicht verstehen können, daß weder die Schriftgelehrten und Pharisäer noch Jesus dem Bild entsprachen, das er sich von ihnen machte. Diese Blindheit gegenüber dem, was so offensichtlich war, hat ihn zuletzt zum Verrat bewogen.

Da er an jenem Tag, da Jesus Matthäus berufen hatte, die Spannungen,

die zwischen dem Herrn und seinen Widersachern bestanden, von uns allen am deutlichsten spürte und auch am meisten bedauerte, wollte er es nun vermeiden, daß sie durch ein Gastmahl im Hause eines Zöllners noch weiter verschärft würden.
Als er aber begann, zu Jesus von seinen Befürchtungen zu sprechen und als er es ihm ausreden wollte, das Haus des Matthäus aufzusuchen, da antwortete der Herr sehr ruhig und ebenso ernst: „Wer nicht für mich ist, der ist gegen mich."
Und Judas schwieg und folgte ihm weiter.

XXI

Am Abend kehrten wir also alle im Haus des Matthäus ein. Es war ebenso groß und ebenso kostbar eingerichtet wie das des Tuchhändlers Didymus, allerdings weitaus weniger geschmackvoll. Irgendwie merkte man jedem Gegenstand an, daß er nur als Trophäe angeschafft worden war, die das schlechte Gewissen seines Eigentümers beruhigen und die die Kälte seiner Ausgestoßenheit durch goldstrotzenden Glanz wärmen sollte.
Da die Zöllner, wie ich schon sagte, von den anderen Juden gemieden wurden, fanden sie nur unter ihresgleichen und anderen Verachteten Gesellschaft. Der Herr aber hatte Matthäus gebeten, auch seine Freunde zu diesem Mahl einzuladen, und so saßen wir nun, außer mit Zöllnern auch noch mit Dieben und Huren zusammen.
Die Schriftgelehrten und Pharisäer hatten in diesen Tagen anscheinend nichts anderes zu tun, als Jesus auf Schritt und Tritt zu bespitzeln. So spähte auch nun eine Gruppe von ihnen verstohlen durch ein Fenster in das Haus hinein. Sie fragten einige von uns: „Wie könnt ihr zusammen mit diesen Leuten essen und trinken?"
Der Herr, der die Außenstehenden, obwohl sie sich vor ihm verborgen halten wollten, gesehen und ihre Frage gehört hatte, antwortete: „Nicht die Gesunden brauchen den Arzt, sondern die Kranken. Ich bin gekommen, die Sünder zu rufen, nicht die Gerechten. Was stört ihr euch daran, daß Gott ihnen durch mich seine Vergebung schenkt? Tuet lieber desgleichen, anstatt euch darüber zu ereifern. Und da ihr die Schriften studiert, lernt es, die Bedeutung dieses Satzes zu begreifen,

den der Vater euch durch den Propheten Hosea verkündigen ließ: ‚Barmherzigkeit will ich, keine Opfer.'"
Da zogen sie sich zurück, voller Ärger, daß Jesus sie bemerkt, vor allem aber, daß er ihnen schon wieder eine Antwort gegeben hatte, auf die sie nichts zu erwidern wußten.
Aber auch bei unserem Mahl, das von Matthäus doch eigentlich als Festmahl ausgerichtet war, herrschte keine gute Stimmung. Unser Gastgeber freute sich zwar sehr, daß der Herr ihn berufen hatte und nun bei ihm zu Tisch lag, und auch seinen Freunden erging es ähnlich. Doch spürten sie alle unsere, der Jünger, Beklommenheit und fühlten sich deswegen unwohl.
Da sprach Jesus: „Ich will euch eine Geschichte erzählen:
Es war einmal ein Mann, der hatte zwei Söhne. Eines Tages sagte der jüngere zu ihm: ‚Vater, gib mir das Erbteil, das mir zusteht.'
Der Vater tat, worum er gebeten, und sein Sohn zog mit dem, was er erhalten hatte, in ein fernes Land. Dort führte er ein ausschweifendes Leben und verschleuderte sein ganzes Vermögen.
Als er dann alles durchgebracht hatte, kam eine große Hungersnot über das Land, und es ging ihm sehr schlecht. Jetzt suchte er nach Arbeit und fand keine andere als die eines Schweinehüters. Die Leute, bei denen er in Lohn stand, behandelten ihn schlechter als ihre Schweine, und er kam vor Hunger fast um. Es war so weit mit ihm gekommen, daß er schon froh gewesen wäre, etwas von dem essen zu dürfen, was man den Tieren zum Fraß vorwarf. Doch selbst das war ihm nicht gestattet.
Da erinnerte er sich, daß es dem niedrigsten Arbeiter seines Vaters besser ging als ihm, und er überlegte: Ich will aufbrechen und zu meinem Vater gehen. Ich will zu ihm sagen: ‚Ich habe mich gegen dich und gegen Gott versündigt. Ich bin es nicht mehr wert, dein Sohn zu sein. Aber ich bitte dich um eine letzte Gnade: Mach mich zu einem deiner Tagelöhner.
Und so brach er auf und machte sich auf den Weg nach Hause. Als er heimkam, sah sein Vater ihn schon von weitem nahen und hatte Mitleid mit ihm. Er lief seinem Sohn entgegen, fiel ihm um den Hals und küßte ihn. Der aber sprach: ‚Vater, ich habe mich gegen dich und gegen Gott versündigt. Ich bin es nicht mehr wert, dein Sohn zu sein.'
Doch bevor er noch ausreden konnte, befahl der Vater seinen Knech-

ten: ‚Holt schnell das beste Gewand und zieht es ihm an! Steckt ihm einen Ring an die Hand und zieht ihm Schuhe an! Bereitet ein Festmahl vor und laßt uns essen und fröhlich sein! Denn mein Sohn war verloren und ist wiedergefunden worden!'
Und sie begannen, ein fröhliches Fest zu feiern."
„Meine Freunde", fuhr Jesus, nachdem er dieses Gleichnis erzählt hatte, fort, „wenn die Menschen, die doch unvollkommen und böse sind, ihren Kindern so große Barmherzigkeit erweisen, was glaubt ihr, um wieviel größer die Barmherzigkeit unseres himmlischen Vaters ist? Seine Bereitschaft zur Vergebung ist unendlich größer als die seiner kleinmütigen Knechte, der Pharisäer, die nichts als Verachtung für euch bereithalten.
Gott liebt einen jeden von euch und er freut sich über die Umkehr eines jeden! Ja, ganz so wie der Vater in der Geschichte, die ich euch gerade erzählt habe, kommt er euch voller Freude entgegen!
Denn seht: Wenn eine Frau zehn Drachmen hat und eine davon verliert, zündet sie dann nicht eine Lampe an, fegt das ganze Haus und sucht unermüdlich, bis sie das Geldstück findet?
Wenn sie es gefunden hat, ruft sie ihre Freundinnen und Nachbarinnen zusammen und sagt: ‚Freut euch mit mir! Ich habe die Drachme wiedergefunden, die ich verloren hatte!'
Und wenn einer von euch hundert Schafe hat und eines davon verliert, läßt er dann nicht die neunundneunzig an einem sicheren Ort zurück und geht dem verlorenen nach, bis er es findet?
Wenn er es gefunden hat, nimmt er es voller Freude auf die Schultern. Und wenn er nach Hause kommt, ruft er seine Freunde und Nachbarn zusammen und sagt: ‚Freut euch mit mir! Ich habe mein Schaf wiedergefunden, das verloren war!'
Ihr aber, die ihr heute der Einladung des Matthäus gefolgt seid, um mit mir zusammen zu sein, ihr, die ihr auf meine Stimme hört, seid umgekehrt und seid wiedergefunden!
Denn ich bin der gute Hirte, den der Vater gesandt hat.
Ich bin die Tür, die zum Vater führt. Wer durch mich eingeht, wird gerettet werden.
Ich bin der Weg, die Wahrheit und das Leben."
Nachdem Jesus so gesprochen hatte, war es mir inmitten dieser Menschen, die ich vor kurzem noch verachtet hätte, mehr denn je

bewußt, daß durch die Frohe Botschaft unseres Herrn das Reich Gottes wahrhaftig unter uns angebrochen ist.
Und ich sah in den von Freudentränen erfüllten Augen aller Gäste, daß sie ebenso fühlten wie ich.

XXII

Bevor wir am nächsten Tag die Stadt verließen, traten auf der Straße einige Pharisäer zu Jesus und fragten ihn mit lauter Stimme, da sie gehört werden wollten: „Sag uns, ist es erlaubt, dem Kaiser Roms die Steuern zu zahlen oder nicht?"
Sie hofften, ihm mit dieser Frage eine Falle stellen zu können. Denn natürlich waren sich die meisten Juden darüber einig, daß es unrecht von den Römern sei, unser Volk zu unterdrücken und ihm Steuern abzupressen. Ebenso einig waren wir uns aber auch darüber, daß uns gar nichts anderes übrig blieb, als diese Zwangsabgaben zu entrichten. Doch äußerte niemand einen solchen Gedanken gerne laut. Vielmehr zahlten wir alle zähneknirschend, fluchten der Römer höchstens im Verborgenen und schämten uns unserer Unterlegenheit.
So war die Frage der Pharisäer sehr hinterlistig, zwang sie Jesus doch, entweder öffentlich zum Ungehorsam gegen unsere Eroberer aufzurufen oder vor aller Ohren dazu zu raten, weiterhin die als beschämend empfundenen Zahlungen zu leisten.
Jesus aber sprach: „ Bringt mir einen Denar, ich will ihn sehen."
Und da sie ihm ein solches Geldstück gaben, sah er es genau an, wendete es, betrachtete auch die andere Seite aufmerksam und fragte dann: „Wessen Bildnis ist das hier?"
Und sie antworteten: „Das ist der Kaiser."
Da gab er ihnen den Denar zurück und sprach zu ihnen: „Nun, dann gebt dem Kaiser, was des Kaisers ist. Doch gebt auch endlich Gott, was Gottes ist."
Und damit wandte er sich von ihnen ab und verließ die Stadt.

XXIII

Als wir an einem der darauffolgenden Sabbate durch ein Kornfeld gin-

gen, riß der eine oder andere von uns ein paar Ähren ab, zerrieb sie mit den Händen und aß sie.
Von der Stadt aus, der wir uns näherten, hatten dies die Pharisäer mit ihren stets wachsamen und nach Gesetzesübertretungen spähenden Augen beobachtet.
Und später fragten sie Jesus: „Hast du gesehen, was deine Jünger getan haben? Sie haben Ähren gepflückt, also Feldarbeit verrichtet. Das ist doch am Sabbat verboten!“
Und mit diesen Worten gaben sie ein vollkommenes Beispiel dafür, was sie aus den guten Geboten Gottes gemacht hatten!
Unser himmlischer Vater hat den Menschen nämlich den siebten Tag zum Tag der Ruhe geschenkt, an dem sie entspannen können von den Mühsalen der Woche, an dem niemand ihnen befehlen oder Lasten auferlegen darf, an dem sie sich ganz ihrem Seelenfrieden, ihren Familien und Freunden, ihrem Gebet widmen können. Die Pharisäer aber haben diesen Freudentag zum langweiligsten und zugleich anstrengendsten Tag der Woche gemacht, an dem man ständig überlegen muß, ob das, was man gerade tut, auch erlaubt, und ob man auch alles verrichtet, was vorgeschrieben ist.
Will man nach ihren Gesetzen leben, so muß man sich am Sabbat beispielsweise fragen, ob man auch ja kein Licht entzündet oder keinen Schritt zuviel getan hat. Weiter zwingen die Pharisäer einen zu bedenken, ob das, womit man sich gerade beschäftigt, nicht schon eine Arbeit und damit verboten ist.
Diese Denkweise stand also hinter dem Vorwurf, mit dem die Gesetzesdiener an Jesus herangetreten waren, wir hätten, da wir ein paar Ähren abgerissen, Feldarbeit verrichtet und damit gegen die Sabbatgebote verstoßen.
Der Herr aber ließ sich mit ihnen auf keine Debatte ein. Denn das tat er zu ihrem größten Ärger nie. Ihre von ihnen so heiß geliebten Streitgespräche darüber, was erlaubt und was verboten und warum es erlaubt oder verboten, waren ihm zuwider, da in ihnen das Wort Gottes entleert und seines liebevollen Sinnes beraubt wurde.
Anstatt also mit ihnen zu argumentieren, antwortete er: „Habt ihr nicht gelesen, was David getan hat, als er und seine Begleiter hungrig waren und nichts zu essen hatten? Er ging mit ihnen in das Haus Gottes, wo die Priester ihm die heiligen Brote gaben, damit er und die Seinen

davon aßen. Denn diesen Gottesmännern der Vergangenheit erschien der Kampf des Königs für das Heil Israels wohlgefälliger als ihre eigenen Kultvorschriften. Nehmt euch also ein Beispiel an ihnen und begreift endlich, daß das Gesetz für die Menschen da ist und nicht die Menschen für das Gesetz!"

Später besuchten wir die Synagoge dieser Stadt und sahen dort einen Mann sitzen, dessen rechte Hand gelähmt war.
Jesus bat ihn, aufzustehen und sich in die Mitte des Raumes zu stellen. Und an die Pharisäer gewandt fragte er: „Was ist am Sabbat erlaubt? Gutes zu tun oder Böses? Ist es mir eurer Meinung nach gestattet, diesen Mann heute zu heilen, oder soll ich ihn weiter leiden lassen?"
„Wenn du glaubst, ihm helfen zu können, so tue es morgen", sprach da einer von ihnen.
Jesus entgegnete: „Wenn einem von euch am Sabbat ein Schaf in die Grube fällt, läßt er es dann etwa den ganzen Tag darin liegen? Helft ihr ihm nicht sofort wieder hinaus? Um wieviel mehr müssen wir dann einem Menschen helfen, wenn er uns braucht? Ich frage euch also noch einmal: Ist es mir eurer Meinung nach gestattet, diesen Mann heute zu heilen, oder soll ich ihn weiter leiden lassen?"
Sie antworteten ihm nicht, sondern schwiegen grimmig, weil sie nicht vor den Gottesdienstbesuchern zugeben wollten, daß ihnen das Wohlverhalten der Menschen wichtiger war als ihr Wohlergehen.
Da sah Jesus sie einen nach dem anderen an, voll Zorn und Trauer über ihre verschlossenen Herzen.
Und zu dem Mann, der noch immer in ihrer Mitte stand, sprach er: „Strecke deine Hand aus."
Dieser tat, wie Jesus ihm geheißen, und wagte es trotz der drohenden Blicke der Pharisäer seine Hand auszustrecken. Und siehe: Sie war wieder gesund! Die Lähmung war von ihr gewichen, und der Mann konnte sie wieder bewegen!
Da wurden die Pharisäer, anstatt sich über diese Heilung zu freuen, von Wut erfüllt. Doch wagten sie es nicht, Jesus anzuklagen, weil er wiederum bezeugt hatte, worin der wahre Sinn des Gesetzes liegt, und sie ihm nicht widersprechen konnten.
So verließen sie die Synagoge und schworen sich, ihn umzubringen, sobald sie Gelegenheit dazu fänden.

Von diesem Tage an suchten sie und die Ihren in den anderen Städten Galiläas nur nach einem Vorwand, der sie diesen Mord ausführen ließ, ohne dabei gegen ihre eigenen Gesetze zu verstoßen.
Denn es war ihnen gemäß der Thora das Recht gegeben, Gesetzesbrecher auspeitschen und steinigen zu lassen.

XXIV

Da es bei den Auseinandersetzungen Jesu mit den Schriftgelehrten und Pharisäern stets um das Gesetz ging, will ich euch hierzu noch einige Erläuterungen geben.
Man kann die Satzungen der jüdischen Thora in drei Kategorien unterteilen: in solche, die das Zusammenleben der Menschen, in solche, die den Kult, und in solche, die die Reinheitsvorschriften betreffen.
Was nun die Gebote der ersten Kategorie betraf, so hat Jesus sie sehr ernst genommen, soweit sie dem Schutz der Schwächeren vor den Stärkeren dienten. Es gab beispielsweise das Gebot, daß der Mann seine Frau nicht aus der Ehe entlassen sollte. Denn eine Frau, die entlassen wurde, hatte niemanden mehr, der sich um sie kümmerte, und es blieb ihr kaum etwas anderes übrig, als zu betteln oder zur Hure zu werden. Davor sollte sie das Verbot der Ehescheidung schützen. Die Schriftgelehrten hatten aber im Laufe der Zeit immer mehr Ausnahmeregelungen ersonnen, die es einem Mann doch gestatteten, seiner Frau den Scheidebrief auszustellen, so daß er sie zuletzt sogar wegen eines angebrannten Essens davonschicken konnte. Eine solche Verwässerung des Gesetzes lehnte Jesus ab und so lehrte er uns, überhaupt keine Scheidebriefe auszustellen. Ihm ging es in allem darum, daß die Gesetze ihrem ursprünglichen, guten und von Gott gegebenem Sinn entsprechend befolgt und nicht durch Spitzfindigkeiten und Klügeleien ausgehöhlt würden.
Was nun die Kultgebote und Reinheitsvorschriften betraf, so maß der Herr ihnen keine große Bedeutung zu. Er befolgte sie, so wie man alten Sitten und Traditionen aus Gewohnheit nachgeht, doch im Gegensatz zu den Schriftgelehrten hielt er sie nicht für unumstößlich.
Er achtete den Sabbat, weil er gut war für die Menschen, mißachtete jedoch die zahlreichen Vorschriften, die den wahren Sinn dieses Tages in sein Gegenteil verkehrten.

Ähnlich verfuhr er, wie ihr noch sehen werdet, mit den Reinheitsvorschriften. Und wir, seine Jünger, taten es ihm, wenn auch nach anfänglichem Zögern, gleich. Deshalb haben wir auch, als wir euch seine Frohe Botschaft brachten, jene, die nicht aus dem Judentum zu uns kamen, ganz und gar von der Einhaltung der Kult- und Reinheitsgebote befreit. Wir taten dies in der Gewißheit, damit dem Willen des Herrn gerecht zu werden. In seinem Namen ermahnen wir euch aber auch, alle Gesetze eurer eigenen Völker, soweit sie dem Frieden, der Gerechtigkeit und der Barmherzigkeit dienen, getreulich zu befolgen. Jene Gesetze hingegen, die euch zur Sünde verleiten, befolgt nicht.
Erinnert euch in allem der einfachen Worte, mit denen Jesus selber einmal gerechtes Handeln beschrieben hat, und verhaltet euch dementsprechend: „Was ihr nicht wollt, das man euch tut, das fügt auch keinem anderen zu!“

XXV

Wir zogen weiter nach Magdala, wo Jesus eine Frau namens Maria heilte, der wir nach ihrer Heimatstadt den Namen Magdalena gaben. Die Leute sagten von ihr, daß sie von sieben Dämonen besessen sei. Doch selbst wenn es, entgegen der Annahme des Didymus, tatsächlich Dämonen geben sollte, so war Maria sicherlich nicht von ihnen besessen. Vielmehr erging es ihr ähnlich wie Andreas und mir und den meisten anderen Jüngern Jesu: Sie war auf der Suche nach Gott, nach Wahrheit und Sinn. Da sie aber eine Frau war, wurde ihr diese Suche noch viel schwerer gemacht als uns Männern.
Im Gegensatz zu den Jungen nämlich wurden die jüdischen Mädchen nicht in den Heiligen Schriften unterrichtet. Auch als erwachsene Frauen wurden sie bei weitem nicht so ernst genommen wie wir Männer. Sie durften nicht als Zeuge vor Gericht aussagen, durften außer am Sabbat und am Paschafest nicht mit zu Tisch sitzen und hatten auch in der Synagoge nichts zu sagen.
So war auch Maria Magdalena niemals einem Menschen begegnet, der sich mit ihr über die Dinge unterhalten hätte, die sie zu erfahren wünschte. Am allerwenigsten hatte dies ihr wohlhabender Vater getan, der sich sehr gegrämt, daß sie sein einziges Kind geblieben war, und er niemals einen Sohn besessen hatte. Als er starb, vermachte er Maria

zwar seinen umfangreichen Besitz, doch sonst hatte sie niemals etwas Gutes von ihm empfangen.
Sie war immer einsamer geworden, hatte die Gemeinschaft der Menschen, die sie nicht verstanden, geflohen und war ob ihrer Eigenart mehr und mehr zum Gespött der Stadt geworden.
Als sie aber Jesus, der in Magdala gepredigt, gesehen und gehört hatte, warf sie sich ihm zu Füßen, und der Herr richtete sie auf. Er nahm für sich und seine Jünger eine Einladung in ihr Haus an und ließ sie von diesem Tage an mit uns ziehen.
Dies war, wie ihr euch denken könnt, etwas sehr Ungewöhnliches. Kein Schriftgelehrter hätte jemals eine Frau zu seiner Schülerin gemacht. Jesus aber war nicht wie diese. Er verkündigte allen Menschen seine Frohe Botschaft, egal ob sie gebildet oder ungebildet, arm oder reich, jung oder alt, Männer oder Frauen waren. Und er nahm jeden auf, der sich ihm anschließen wollte.
So wurde Maria Magdalena also die erste Jüngerin des Herrn. Bald kamen andere hinzu wie etwa Johanna, die mit einem Beamten des Herodes verheiratet war, wie Susanna und wie viele weitere.

XXVI

Jesus zog mit uns auf einen Berg und sprach: „Ihr habt gehört, wie Gott Abraham berufen und ihm gesagt hat: ‚Zieh weg aus deinem Elternhaus und deiner Heimat in das Land, das ich dir zeigen werde. Ich werde dich zu einem großen Volk machen und dich segnen. Durch dich sollen alle Geschlechter auf Erden Segen erlangen!' Den Bund, den Gott mit Abraham geschlossen, erneuerte er mit allen seinen Nachfahren, so auch mit seinem Enkel Jakob, dem er den Namen Israel, Gottesstreiter, gab. Israel aber hatte zwölf Söhne, von denen jeder einem der zwölf Stämme unseres Volkes seinen Namen gab.
Ich bin gekommen, alle Verheißungen zu erfüllen, die Gott Abraham und seinen Nachfahren gegeben hat. Zum Zeichen dafür will ich zwölf von euch meine Gesandten, meine Aposteln nennen. Der Tag wird kommen, an dem ich sie und euch alle aussenden werde, die Frohe Botschaft vom Reich Gottes zu verkündigen.
Die Zwölf sollen sein: Simon und Andreas sowie Johannes und Jakobus, die mir als erste folgten; Thomas, der uns so weißlich von den

Philosophien der Griechen spricht; Philippus, selbst ein Grieche, der den Glauben Abrahams annahm; Matthäus, von dem die Pharisäer nie verstehen werden, daß ich ihn berufen; Simon, den Zeloten, der unser Volk am liebsten mit dem Schwert befreien würde; Bartholomäus und Judas Thaddäus; Jakobus, der Sohn des Alphäus und auch dich Judas Ischariot, der du hoffentlich bald lernen wirst, daß sich nicht alle Gegensätze auf dieser Welt versöhnen lassen. Für uns alle kommt irgendwann einmal der Moment der Entscheidung. Ich habe euch erwählt, entscheidet ihr euch also nicht gegen mich."

XXVII

Am Abend jenes Tages unterhielten wir Jünger uns über die Bedeutung des Wortes Segen.

Ihr werdet euch vielleicht fragen, warum wir Jesus nie zu diesen, nennen wir sie „philosophischen" Gesprächen, hinzugezogen haben. Der Grund dafür war einfach: Der Herr interessierte sich nicht dafür. Er lehnte solche Unterhaltungen zwar nicht ab, wie er die Streitgespräche der Pharisäer ablehnte, er beteiligte sich jedoch auch nicht an ihnen. Wenn er uns bisweilen solche Themen erörternd zusammensitzen sah, dann lächelte er uns zu, wie wohl ein Vater lächeln mag, wenn er seine Kinder beim Ballspiel beobachtet. Er selber ist dem Spiel entwachsen, doch versteht er, daß es seine Kinder erfreut, und er weiß, daß es gut und nützlich für sie ist, solche Spiele zu spielen.

Wir fragten uns also an jenem Abend, was es mit dem Wort Segen auf sich hatte. Die meisten waren der Ansicht, Segen sei eine Kraft, die von Gott ausging und den Menschen Gesundheit, Wohlstand und Nachkommen schenke.

Nicht so Didymus. Er sprach: „Ich denke, mit dem Segen verhält es sich wie mit dem Wunder. Alles Segensreiche ist ebenso wie alles Wunderbare von Anbeginn der Schöpfung in sie hineingelegt. Der Segen widerspricht nicht den Gesetzen, die Gott der Schöpfung gegeben hat, sondern er erwächst aus ihnen. Oder glaubt ihr etwa so gering von Gott, daß ihr ihn euch wie einen unserer irdischen Machthaber vorstellt, der mal diesem und mal jenem seine Gunst erweist, ganz so, wie es seiner Laune entspricht?"

Einer von uns erwiderte: „Nicht nach seinen Launen handelt Gott und spendet seinen Segen, sondern nach dem Glauben und der Gerechtigkeit der Menschen."

„Jetzt redest du ganz wie einer der Schriftgelehrten, die uns als Kinder gelehrt haben", sprach da Didymus. „Wenn es aber so wäre wie du sagst, warum geht es dann so vielen guten Menschen schlecht und so vielen schlechten Menschen gut?"

Wir alle schwiegen, denn diese Frage galt uns als ebenso alt wie unbeantwortbar. Schon im Buche Hiob wie auch im Buche Kohelet und vielen weiteren unserer Heiligen Schriften begegnete sie uns. Eigentlich mußte es jedem frommen Juden, der seinen eigenen Glauben kannte und ernst nahm, klar sein, daß es einen Zusammenhang zwischen gottgefälligem Leben und Wohlergehen nicht geben konnte. Und dennoch fuhren wir fort, darauf zu hoffen, daß es irgendwie so sei.

„Was ist dann mit Segen gemeint, wenn nicht das, was der erste Gedanke nahelegt?", fragte Didymus in unser peinlich berührtes Schweigen hinein und gab uns auch gleich die Antwort. „Gott spricht jeden Menschen so an, wie dieser seines Wortes bedarf und es verstehen kann. Er hat schon vor langer Zeit zu Abraham gesprochen, und zu uns spricht er heute durch Jesus. In allen Religionen finden sich Spuren des göttlichen Wortes, denn Gott ist nicht nur unser Schöpfer und Vater, sondern der Schöpfer und Vater aller Welt. In allen Religionen findet sich aber auch der Mißbrauch seines Wortes, so wie wir es in unserem Glauben bei den Pharisäern sehen.

Sich von Gott segnen zu lassen heißt, sein Wort so anzunehmen, wie er es gemeint hat, und aus der Kraft dieses Wortes, aus der Kraft des Glaubens zu leben. Durch diesen Segen werden uns nicht die Schwierigkeiten erspart bleiben, die auf unserem Weg liegen, ja es ist noch nicht einmal gesagt, daß wir diese Schwierigkeiten alle meistern werden. Aber von Gott gesegnet zu sein und anderen zum Segen zu werden, bedeutet den rechten Weg trotz dieser Schwierigkeiten nicht zu verlassen. Denn jenseits dieses Weges ist keine Wahrheit, ist kein Leben. Dem Weg treu zu folgen, bedeutet in der Wahrheit zu leben, bedeutet das wahre Leben zu leben.

Erinnert ihr euch der Worte Jesu: ‚Ich bin der Weg, die Wahrheit und das Leben.'?

Erinnert ihr euch daran, daß er gesagt hat, er sei gekommen, alle Verheißungen zu erfüllen, die unserem Volk geschenkt sind, also auch

die Segensverheißung an Abraham? Freunde, Jesus ist der Segen, mit dem Gott uns segnet und durch ihn werden auch wir, die wir ihm gläubig folgen, zum Segen für alle Völker werden!"
Und da Didymus so sprach, schaute er zum Herrn, der etwas abseits von uns saß, Maria Magdalena schweigend zu seinen Füßen.

XXVIII

Als Jesus während der nächsten Tage in einem der Dörfer Galiläas predigte, brachten die Schriftgelehrten und Pharisäer eine Frau zu ihm, die sie beim Ehebruch beobachtet und ergriffen hatten. Und sie stießen sie Jesus zu Füßen und sprachen zu ihm vor allen Leuten, die seine Predigt gehört hatten: „Diese Frau wurde beim Ehebruch auf frischer Tat ertappt. Im Gesetz heißt es, daß solche Frauen gesteinigt werden sollen. Was sagst du also? Was sollen wir mit ihr tun?"
Natürlich hofften sie, daß Jesus versuchen würde, sie von dieser Steinigung abzuhalten, und sie einen Grund hätten, ihn der Gesetzesmißachtung zu verklagen.
Jesus sah sie gar nicht an, sondern bückte sich ganz nah neben die Frau und schrieb mit seinem Finger im Sand. Dann sprach er: „Wer von euch ohne Sünde ist, der werfe den ersten Stein."
Als den Schriftgelehrten und Pharisäern dies gesagt worden war, gingen sie einer nach dem anderen fort. Da sah Jesus die Frau an und fragte: „Wo sind die geblieben, die dich anklagten? Hat dich keiner verurteilt?"
Und die Frau antwortete: „Keiner."
Da sagte Jesus zu ihr: „So will auch ich dich nicht verurteilen. Geh und sündige von jetzt an nicht mehr."

XXIX

Als wir bald darauf nach Kafarnaum kamen, wurde Jesus dort von einem Schriftgelehrten namens Ruben angesprochen. Dieser war anders als die meisten seines Standes, denn er war demütig und suchte Gott nicht nur mit dem Verstande, sondern vor allem mit dem

Herzen. Daher lehnte er Jesus auch nicht ab, sondern wollte von ihm lernen. Und so fragte er ihn: „Herr, welches Gebot im Gesetz ist das wichtigste?"
Und Jesus antwortete: „Du sollst Gott lieben mit ganzem Herzen, mit ganzer Seele und mit all deinen Gedanken - das ist das erste und wichtigste Gebot. Ebenso wichtig ist das zweite: Du sollst deinen Nächsten lieben wie dich selbst. Das ganze Gesetz und alles, was uns die Propheten gelehrt haben, ist nichts anderes als die Entfaltung dieser beiden Gebote. Die Entfaltung mag unvollkommen und fehlerhaft sein, da sie von Menschen stammen, wer aber diese beide Gebote hält, der ist in Gott und Gott ist in ihm."
„Ich stimme dir zu", sprach da Ruben, „mit dem was du über die wichtigsten Gebote und ihre Entfaltung lehrst. Doch bitte ich dich, mir zu sagen, wer ist mein Nächster?"
Und da Jesus sah, daß er aus lauterem Herzen fragte, gab er ihm folgendes Gleichnis zur Antwort: „Es war einmal ein Mann, der ging von Jerusalem nach Jericho. Unterwegs wurde er von Räubern überfallen, zusammengeschlagen und ausgeplündert. Und halbtot ließen sie ihn liegen.
Zufällig kam ebenfalls aus Jerusalem ein Priester vorbei. Er sah den Mann, doch kümmerte er sich nicht um ihn, sondern ging weiter.
Auch ein Schriftgelehrter kam zu der Stelle. Er sah den Mann ebenfalls und ging ebenfalls weiter.
Dann kam einer aus Samarien, jenem Teil Israels, von dem in Jerusalem gesagt wird, daß Gott dort nicht in der rechten Weise verehrt würde. Dieser Samariter war auf Reisen. Als er den Ausgeplünderten und Zusammengeschlagenen am Wegrand liegen sah, hatte er Mitleid mit ihm. Er ging zu ihm, goß Öl und Wein auf seine Wunden und verband sie. Dann hob er ihn auf sein Reittier, brachte ihn zu einer Herberge und sorgte für ihn. Am anderen Morgen holte er zwei Denare hervor, gab sie dem Wirt und sagte: ‚Sorge für ihn. Und wenn du mehr brauchst, werde ich es dir bezahlen, wenn ich wiederkomme.'"
„Was meinst du," fragte Jesus also den Ruben, „wer von diesen dreien hat sich als der Nächste dessen erwiesen, der von den Räubern überfallen wurde?"
Ruben antwortete: „Jener, der barmherzig an ihm gehandelt hat."
Und der Herr erwiderte ihm milde: „Dann geh und handele genauso."

Ruben war sehr berührt von der Weisheit Jesu, die nichts als Güte war. Und so lud er ihn und uns ein, am Abend Gast in seinem Hause zu sein. Denn er wollte, daß auch seine Freunde, die anderen Schriftgelehrten der Stadt wie auch die Pharisäer den Herrn so kennenlernen würden, wie er ihn kennengelernt hatte.
Und Jesus nahm seine Einladung an.
Die meisten von uns Jünger sahen diesem Abend mit Furcht entgegen, da wir wußten, daß nur wenige der Schriftgelehrten und Pharisäer so einsichtig waren wie Ruben.
Auch Jesus wußte dies, doch fürchtete er sich nicht.

Um zu verstehen, was sich während des Mahles bei Ruben ereignete, müßt ihr wissen, daß es bei uns Juden ähnlich wie bei vielen Völkern Brauch ist, vor dem Essen die Hände in einer Schüssel mit Wasser zu waschen. Doch während dies anderenorts nur eine Frage des guten Benehmens ist, haben die Schriftgelehrten und Pharisäer bei uns daraus ein Reinheitsgebot gemacht, das nicht einzuhalten sie als Sünde bezeichnen. Sie kennen noch viele andere solcher Gebote wie etwa das Abspülen von Bechern, Krügen oder Kesseln, und wir alle haben von klein an gelernt, uns genauestens an diese Vorschriften zu halten.
Als wir aber mit Jesus unterwegs gewesen, hat er uns gelehrt, daß wir uns nicht bekümmern sollten, wenn wir auf diese Reinheitsgebote nicht achthaben konnten.
So unterließen es einige von uns auch an jenem Abend, da sie durchaus die Gelegenheit dazu gehabt hätten, sich vor dem Essen die Hände zu waschen.
Die anderen Gäste bemerkten diese Unterlassung und ärgerten sich darüber. Einer der Pharisäer fragte Jesus: „Warum halten deine Jünger sich nicht an die Überlieferung der Alten, sondern essen ihr Brot mit unreinen Händen?“
Und der Herr sprach: „Nichts, was von außen in den Menschen hineinkommt, kann ihn unrein machen. Was allerdings aus ihm herauskommt, das kann ihn durchaus verunreinigen.“
„Was soll das heißen?“, fragte da gereizt der Pharisäer.
Und Jesus erwiderte: „Es ärgert euch, daß einige meiner Jünger mit unsauberen Händen essen. Nun, was soll schon geschehen? Vielleicht bleibt etwas Staub an ihrem Brot haften und sie schlucken ihn mit hin-

unter. So gelangt er in den Magen und wird von dort wieder ausgeschieden. Wie sollte er sie also verunreinigen? Alles jedoch, was aus einem Menschen herauskommt, verunreinigt ihn, wenn es aus einem bösen Herzen stammt. Mord, Ehebruch, Diebstahl, Habgier, Bosheit, Hinterlist, Neid, Verleumdung - all dieses Böse kommt von innen und macht den Menschen unrein. Davon finde ich nichts an meinen Jüngern, und so stört es mich auch nicht weiter, wenn sie es vergessen, sich die Hände zu waschen.“

Die Pharisäer gerieten über diese Worte Jesu sehr in Ärger, und so begannen sie groß und breit zu erklären, woher die Reinheitsgebote abgeleitet wurden und warum es so wichtig sei, sich an sie zu halten.

Da sprach Jesus voller Zorn zu ihnen: „Der Prophet Jesaja hatte recht mit dem, was er über euch sagte: ‚Sie ehren mich nur mit Worten, ihre Herzen aber halten sie fern von mir.’

Oh, ihr Pharisäer! Anstatt euch darüber Gedanken zu machen, ob ein paar Körner Staub eine Speise verunreinigen können, solltet ihr lieber was in diesen Schüsseln ist, den Armen geben, dann wäre für euch alles rein!

Anstatt den zehnten Teil von allem auszuwägen, um ihn dem Tempel zu geben, solltet ihr euch lieber um Gerechtigkeit und Barmherzigkeit für die Menschen bemühen!

Anstatt den Propheten, die von euren Vätern erschlagen wurden, Gräber zu errichten, solltet ihr euch lieber von den Sünden eurer Väter bekehren und euch den Lebenden zuwenden! Ihr aber seid selber wie Gräber: von außen ordentlich und gepflegt, aber innendrin nur Fäulnis und Moder!“

Da unterbrach ihn einer der Schriftgelehrten und mahnte: „Indem du so über die Pharisäer sprichst, beleidigst du auch uns und deinen Gastgeber.“

Doch Jesus entgegnete ihm: „Ich zeuge von nichts anderem als der Wahrheit. Wer sich darin erkennt, der kehre um von seinem sündigen Tun. Wer sich nicht darin erkennt, der braucht sich auch nicht beleidigt zu fühlen.

Sage du mir aber: Wie kann es sein, daß ihr, die ihr euer Leben lang die Schriften studiert, dennoch nicht den Willen Gottes erkennt?“

„Du wagst es zu behaupten, wir, die Lehrer unseres Volkes, hätten kein Wissen von dem, was wir lehren?“, sprach da der andere.

Und Jesus erwiderte: „Du sagst es. Weil eure Herzen böse sind, erkennt ihr die Liebe nicht. Und da ihr sie nicht erkennt, könnt ihr auch nicht durch sie erlöst werden. Wehe euch aber, da ihr auch jenen, die ihr zu lehren vermeint, den Weg zur Erlösung versperrt!"
Nach diesen Worten Jesu brach ein großes Geschrei unter ihnen allen los und sie schäumten vor Wut. Ich weiß nicht, was geschehen wäre, wenn Ruben sie nicht zur Ruhe gerufen und allmählich beschwichtigt hätte. Dann aber sprach unser Gastgeber zu Jesus: „Herr, ich habe dich heute in mein Haus eingeladen, um Freundschaft zu stiften zwischen dir und den Meinen. Doch leider ist alles ganz anders gekommen. Ich bitte dich, suche in deinem Herzen, ob du dort nicht Worte der Versöhnung zu finden weißt."
„Ruben", sprach da der Herr, „ich bin gekommen, den Menschen den Weg zum Frieden zu weisen, zu jenem wahren Frieden, der sie erfüllt, wenn sie an meine Frohe Botschaft glauben. Wer jedoch daran Anstoß nimmt, wird mit Feuer und Schwert gegen mich und die Meinen vorgehen. Soll ich mich dem Schwerte beugen und vor dem Feuer fliehen? Ich habe keine andere Wahrheit anzubieten als die, die mich der Vater gesandt hat, euch zu bringen.
Um deinetwillen aber, der du ein reines Herz hast, will ich zum Abschied ein Gleichnis erzählen, auf daß du und auch alle deine Freunde, die guten Willens sind, verstehen, was ich meinte, als ich sagte, sie hätten Gott nicht erkannt:
Es gingen einmal zwei Männer zum Tempel, um zu beten. Der eine war ein Pharisäer, der andere ein Zöllner. Der Pharisäer stellte sich hin und leierte sein Gebet herunter: ‚Gott, ich danke dir, daß ich nicht wie die anderen Menschen bin - nicht wie die Räuber, Betrüger, Ehebrecher oder auch wie dieser Zöllner dort. Ich faste zweimal in der Woche und gebe dem Tempel den zehnten Teil meines ganzen Einkommens.'
Der Zöllner aber blieb ganz hinten stehen und wagte nicht einmal, seine Augen zum Himmel emporzuheben. Er schlug sich an die Brust und betete: ‚Gott, sei mir Sünder gnädig.'
Ich sage euch: Dieser empfing die Gnade Gottes, der andere nicht."
Und als der Herr so gesprochen hatte, verließ er mit uns die Gesellschaft. Die meisten der Schriftgelehrten und Pharisäer aber, die zurückblieben, haßten ihn von diesem Tage an aus tiefstem Herzen.

Als wir aus Rubens Haus kamen, trafen wir auf einen römischen Hauptmann, der Jesus zuvor in der ganzen Stadt gesucht hatte. Nun, da er ihn endlich gefunden, trat er an ihn heran und bat: „Herr, mein Diener liegt gelähmt zu Hause und hat große Schmerzen."
Jesus war bewegt zu sehen, wie mitfühlend und fürsorglich dieser Soldat war. Und er antwortete: „Ich will kommen und ihn gesund machen."
Da entgegnete der Hauptmann zu unser aller Verwunderung: „Ich bin es nicht wert, daß du mein Haus betrittst." Und ebenso erstaunlich fuhr er fort: „Doch sprich nur ein Wort, dann wird mein Diener gesund."
Da sah Jesus ihn voller Wohlwollen an und sagte: „Geh! Es soll geschehen, wie du geglaubt hast."
Der Hauptmann verneigte sich ehrfurchtsvoll vor dem Herrn, stieg dann auf sein Pferd und ritt eilends heim. Bald darauf erfuhren wir, daß sein Diener in derselben Stunde gesund geworden war.
Jesus aber, da der Hauptmann davon geritten war, wandte sich uns mit den Worten zu: „Einen solchen Glauben habe ich in Israel selten gefunden. Ich sage euch: Das Reich Gottes ist nicht nur derer, die Kinder Abrahams sind, es ist nicht der Schriftgelehrten und Pharisäer, sondern aller Menschen, die glauben. Viele werden von Osten und Westen kommen und zu den Ersten gehören, die mit Abraham, Isaak und Jakob die Vollendung schauen. Denn dem Volk, das im Dunkeln lebt, ist ein Licht erschienen, das jedem leuchtet, der es erkennt. Ich bin das Licht der Welt, und selig ist, wer an mich glaubt. Wer aber nicht an mich glaubt, der hat die Finsternis gewählt. Wie sollte er das Licht schauen, da er sich von mir abwendet?"

XXX

Am Morgen nach diesen Ereignissen verließen wir früh die Stadt und setzten an das andere Ufer des Sees Gennesaret über. Als Jesus dort aus dem Boot stieg, lief ihm ein Mann entgegen, von dem es hieß, daß er von einem unreinen Geist besessen war. Doch war seine Krankheit sehr viel schlimmer als die jenes angeblich Besessenen, den Jesus in der Synagoge von Kafarnaum geheilt hatte.
Dieser Mann hier lebte schon lange nicht mehr unter anderen

Menschen, sondern hauste in den Grabhöhlen nahe des Sees. Die Leute fürchteten sich vor seinem Wahnsinn, doch konnten sie ihn nicht bändigen, nicht einmal mit Fesseln. Schon oft hatte man ihn an Händen und Füßen gebunden, doch hatte er immer wieder seine Ketten gesprengt und seine Fesseln zerrissen. Bei Tag und Nacht schrie er unaufhörlich in den Grabhöhlen und auf den Bergen und schlug sich selber mit Steinen.

Als er Jesus nun von weitem kommen sah, lief er auf ihn zu. Wir alle waren sehr erschrocken und wollten in unserem Boot fliehen. Jesus aber zeigte keine Angst, sondern blieb ruhig stehen. Und tatsächlich, als der Mann ihn erreicht hatte, tat er dem Herrn keine Gewalt an, sondern warf sich vor ihm nieder. Und fast genauso wie jener in der Synagoge schrie auch er nun: „Was habe ich mit dir zu tun, Jesus, Sohn des höchsten Gottes? Ich beschwöre dich bei Gott, quäle mich nicht!"

Welch ein widersprüchliches Verhalten dieses in sich zerrissenen Menschen! Zum einen stieß er Jesus von sich, da er nichts mit ihm, den er Sohn Gottes nannte, zu tun haben wollte, zum anderen aber beschwor er ihn bei diesem Gott! Zum einen bat er den Herrn, ihn in Ruhe zu lassen, war aber zum anderen selber auf ihn zugelaufen!

Doch ebensowenig wie Jesus sich vor dem Mann fürchtete, ließ er sich durch seine Widersprüchlichkeit verwirren. Ruhig fragte er ihn: „Wie heißt du?"

Und jener antwortete: „Mein Name ist Legion, denn wir sind viele."

Dann mit einem ganzen Dutzend unterschiedlicher Stimmen, kreischend hoch die einen, tief grollend die anderen, allesamt wahnsinnig und fürchterlich anzuhören, beschwor er, oder wie er es wohl formuliert hätte, beschworen die Dämonen, die in ihm lebten, den Herrn, er möge sie nicht aus dieser Gegend verbannen. Kaum jedoch, daß er dies immer und immer wieder hinausgeschrien hatte, bat er ebenfalls mit den Stimmen jener Dämonen, es möge ihnen erlaubt werden, in eine Schweineherde, die unweit auf einem Hügel gehütet wurde, einzufahren.

Und Jesus gab ihm zur Antwort: „Ich erlaube es euch."

Was aber dann geschah, erschreckte und verwirrte uns alle sehr. Denn nicht nur, daß es den Mann nun hin- und herriß, ähnlich jenem damals in der Synagoge, sondern tatsächlich gerieten auch die Schweine in große Unruhe, ja einige von ihnen stürzten gar den Abhang hinab in

den See. Ihre Hirten wurden von einer großen Furcht erfüllt und liefen davon.
Didymus versuchte uns später diesen Vorfall zwar dadurch zu erklären, daß Schweine sehr sensible Tiere seien und wahrscheinlich die große seelische Anspannung des Mannes, der gerade von seinem Wahnsinn geheilt wurde, gespürt hätten, doch empfanden einige von uns den Zufall als zu unwahrscheinlich, daß dies gerade in dem Moment hätte geschehen sollen, da von Dämonen die Rede war, die in diese Schweineherde einfahren sollten. Didymus befragte später den Herrn hierüber, und ich will euch zu gegebener Zeit davon mitteilen.
Laßt mich zunächst fortfahren, euch zu erzählen, daß die Hirten, nachdem sie geflohen waren, überall in den umliegenden Dörfern berichteten, was vorgefallen war.
Darauf eilten die Leute herbei, um zu sehen, ob sich dieses Wunder wirklich so ereignet hatte. Sie kamen zu Jesus und sahen, daß der Mann, der angeblich von einer Legion Dämonen besessen gewesen, bei ihm saß und wieder ganz bei Verstand war. Auch sahen sie die toten Schweine auf dem See treiben und fürchteten sich. So forderten sie den Herrn auf, er möge ihr Gebiet verlassen.
Jener aber, der besessen gewesen sein soll, bat bei ihm bleiben zu dürfen. Doch Jesus erlaubte es ihm nicht, sondern sagte: „Geh nach Hause und berichte deiner Familie alles, was Gott für dich getan, und wie er Erbarmen mit dir gehabt hat."
Und der Mann tat, worum der Herr ihn gebeten, ja er verkündigte in allen Städten und Dörfern auf jener Seite des Sees, was geschehen war.

XXXI

Als wir wieder ans westliche Ufer übersetzten, sprach kaum einer von uns ein Wort. Zu sehr waren wir noch erschrocken von dem, was sich ereignet hatte.
Bald aber, nachdem wir angelegt, ereigneten sich noch zwei weitere Wunder, die nicht minder staunenswert waren als das, dessen Zeugen wir zuvor geworden.
Als Jesus nämlich aus dem Boot stieg, versammelte sich schnell eine große Menschenmenge um ihn, die ihn predigen hören wollte. Doch

bahnte sich ein Synagogenvorsteher namens Jairus den Weg zum Herrn und fiel ihm zu Füßen. Und er flehte: „Mein kleines Töchterlein liegt im Sterben. Komm und leg ihr die Hände auf, damit sie wieder gesund wird und am Leben bleibt!“

Ich kannte den Mann und wußte daher, daß die, die er sein kleines Töchterlein nannte, bereits zwölf Jahre, also nach unseren Sitten und Gebräuchen gerade eine erwachsene Frau geworden und ins heiratsfähige Alter gekommen war. Und ich wußte auch, daß er seine Tochter immer sehr umsorgt und behütet hatte, so daß sie ängstlich und zurückhaltend geworden war.

Bedenkt, bevor ich fortfahre, euch von den folgenden Ereignissen zu erzählen, daß Jairus als Synagogenvorsteher den Schriftgelehrten und Pharisäern sehr nahe stand, und daß er, da er sich nun hilfesuchend an Jesus wandte, befürchten mußte, von ihnen seiner vornehmen Stellung enthoben zu werden. Seine Sorge um sein Kind war aber größer als seine Sorge um sein Amt, und Jesus, da er einen Menschen in Not sah, der sich gläubigen Herzens an ihn wandte, fragte nicht nach Herkunft oder Stand.

Als der Herr nun mit dem Synagogenvorsteher zu dessen Haus ging, folgten ihm die Menschen, die ihn am Ufer hatten hören wollen, und drängten sich um ihn. Unter ihnen war auch eine Frau, von der wir später erfuhren, daß sie schon seit zwölf Jahren an Blutungen gelitten hatte. Sie war von vielen Ärzten behandelt worden, die ihr Leiden zwar nicht kuriert, dafür aber ihr ganzes Vermögen verschluckt hatten. Ihr Zustand war dabei immer nur noch schlimmer geworden, und weil sie ihrer Krankheit wegen dem jüdischen Gesetz nach als unrein galt, lebte sie zu allem anderen Elend auch noch in großer Einsamkeit und Erniedrigung.

Als sie nun von Jesus hörte und davon, daß er heute in ihrer Stadt war, nahm sie all ihren letzten Mut zusammen, nutzte das Menschengewühle um ihn herum, in dem sie, wie sie hoffte, schon keiner bemerken würde, drängte sich von hinten an den Herrn heran und berührte sein Gewand. Denn mit ihrer Verzweiflung war auch ihre Fähigkeit zu glauben gewachsen, und so sagte sie sich: „Wenn ich auch nur sein Gewand berühre, werde ich gesund!“

Und tatsächlich: Sofort hörte die Blutung auf, und sie spürte deutlich, daß sie von ihrem Leiden geheilt worden war!

Im selben Moment fühlte auch Jesus, daß eine Kraft von ihm ausströmte, und er blieb stehen, blickte sich in dem Gedränge um und fragte: „Wer hat mein Gewand berührt?“
Die Menschen waren verwundert über diese Frage, und einer von uns antwortete: „Du siehst doch, wie sich die Leute um dich drängen, wie sollen wir da sagen, wer dich berührt hat?“
Jesus aber, obwohl er doch in Eile war, da das Mädchen, zu dem er gerufen, im Sterben lag, blickte weiter umher, um zu sehen, wer es getan hatte.
Da kam die Frau zitternd vor Furcht, weil sie nun meinte, dem Herrn etwas gestohlen zu haben, da sie heimlich durch seine Kraft genesen war. Und sie fiel vor ihm nieder und sagte ihm die ganze Wahrheit.
Jesus ließ sie, obwohl er die Ungeduld, die um ihn herum war, spürte, in aller Ruhe ausreden und sagte dann zu ihr, indem er sie aufrichtete: „Meine Tochter, dein Glaube hat dir geholfen. Geh hin in Frieden! Du sollst geheilt sein.“
Denn tatsächlich, erst nachdem diese Frau vor all jenen, die sie als unrein erklärt und von sich gewiesen, ausgesprochen hatte, woran sie gelitten, und daß sie nun davon genesen, war sie wirklich geheilt. Denn der schlimmste Teil ihrer Krankheit war ihre Verstoßenheit gewesen.
Während Jesus noch mit der Frau geredet hatte, waren die Leute aus dem Haus des Synagogenvorstehers gekommen, um Jairus zu sagen: „Deine Tochter ist gestorben. Bemüh’ diesen Mann also nicht länger.“
Jesus, der diese Worte gehört hatte, sprach zu dem verzweifelten Vater: „Sei ohne Furcht, glaube nur.“
Und mit niemandem außer Jakobus, Johannes und mir ging er mit Jairus in dessen Haus. Innen weinten die Leute laut und klagten.
Doch Jesus sagte zu ihnen: „Warum schreit und weint ihr? Das Kind ist nicht gestorben, es schläft nur.“
Da lachten sie über den Herrn.
Er schickte sie alle hinaus und nahm nur uns und die Eltern mit in den Raum, in dem das Mädchen lag.
Sie war ganz blaß und abgemagert und sah wirklich noch eher aus wie ein Kind, denn wie eine erwachsene Frau. Und tatsächlich schien alles Leben aus ihr gewichen.
Jesus faßte sie an der Hand und sprach zu ihr: „Mädchen, ich sage dir, steh auf!“

Und so unfaßbar es auch klingen mag, sofort öffnete sie die Augen, erhob sich, stellte sich auf ihre schwachen Beinchen und ging umher. Die Eltern waren außer sich vor Freude. Jesus sagte ihnen, sie sollten dem Mädchen etwas zu essen geben. Sie taten es, und ihre Tochter aß seit langer Zeit zum ersten Mal.

XXXII

Am Abend dieses Tages taten wir Jünger nun, wovor wir bisher aus ehrfurchtsvoller Scheu stets zurückgewichen waren. Wir fragten den Herrn, wie es möglich war, daß er all diese Wunder, deren Zeugen wir geworden waren, vollbringen konnte.
Und er antwortete uns: „Es gibt mehr Dinge in Gottes Schöpfung, als die Weisheit der Menschen zu ergründen vermag. Wenn ihr euch also auf euer Wissen und euren Verstand verlaßt, so seid stets eingedenk, daß sie immer unvollkommen bleiben werden. Unfehlbare Wahrheit ist nur bei Gott. Hört also niemals auf zu glauben, da ihr vermeint zu wissen. Denn ihr seht: Vieles von dem, was euch unmöglich erscheint, geschieht.
Da ihr mich fragt, wie es geschieht, will ich euch sagen: Alles, was ich vermag, vermag ich aus Glauben. Und auch jenen, denen geholfen wurde, wurde geholfen, da sie glaubten. Hätte ich meinen Vater in Nazareth, der ein Zimmermann war, gefragt, wie man einen Tisch baut, er hätte es mir zu zeigen und zu erklären vermocht. Da ihr mich fragt, wie ich Wunder wirke, kann ich euch nur auf den Glauben verweisen. Wenn auch ihr glaubt, so wie ich glaube, werdet auch ihr die Wunder tun, die ich tue. Denkt aber nicht, jeder Kranke könne auf diese Weise geheilt werden. Doch lindert der Glaube auch die Leiden jener, die nicht gesunden. Denn die Seele ist mehr als der Leib, und der Glaube ist kostbarer als jedes irdische Gut, kostbarer noch als das Leben des Leibes!“
„Herr,“ sprach da Didymus, „wahrhaftig sagst du, unfehlbare Wahrheit ist nur bei Gott, doch voller göttlicher Weisheit sind deine Worte. Erlaube mir also noch eine Frage, auch wenn sie dir unwichtig, vielleicht sogar unziemlich erscheinen mag: Was war mit den Schweinen?“

„Nun,“ antwortete da Jesus, „wie du gesehen hast, sind sie in den See gestürzt.“
Und mit dieser Antwort mußte sich Didymus begnügen.

XXXIII

Die Kunde von Jesu Worten und Werken verbreitete sich in dem Maße, daß sogar noch Johannes in seinem Gefängnis davon hörte. Und es gelang ihm, aus seinem Verließ heraus zwei seiner Jünger damit zu beauftragen, nach Jesus zu suchen und ihm in seinem Namen eine Frage zu stellen.
So wollten also jene Jünger des Täufers vom Herrn wissen: „Bist du der, der kommen soll, oder müssen wir auf einen anderen warten?“
Und Jesus antwortete ihnen: „Geht und berichtet Johannes, was ihr hört und seht: Es geschehen Zeichen und Wunder, und den Armen wird das Evangelium verkündet. Selig ist, wer an mich glaubt.“
Die Jünger des Täufers nahmen diese Botschaft entgegen und überbrachten sie ihrem Herrn. Später berichteten sie uns, daß er sie dankbaren Herzens entgegengenommen und sie ihm sein schweres Schicksal zu tragen geholfen hat.
Einige von uns fragten Jesus, nachdem die Jünger des Johannes gegangen waren, ob es denn wahr sei, daß auch er sich von jenem habe taufen lassen.
Und er sprach: „Ja, auch ich habe die Taufe des Johannes empfangen, zum Zeichen dafür, daß er ein großer Prophet ist. Wäre unser himmlischer Vater nämlich so, wie die Pharisäer ihn verkündigen, so könnte niemand vor ihm bestehen, denn alle Menschen haben gesündigt. Da Johannes aber die Taufe zur Vergebung der Sünden predigte, bekundete er, daß Gottes Gerechtigkeit Barmherzigkeit heißt, und daß jeder, der zur Umkehr bereit ist, jene Barmherzigkeit erfahren wird. So habe auch ich, der ich euch selber zum Zeichen der göttlichen Barmherzigkeit werden soll, jene Taufe empfangen, damit sie euch und jedem, den ihr dereinst in meinem Namen taufen werdet, Siegel der Zughörigkeit zu mir sei.“
Als Jesus aber so sprach, erinnerte ich mich jener anderen Worte, die ich zuvor bereits von ihm vernommen hatte: „Ich werde euch zu Menschenfischern machen“, und: „Der Tag wird kommen, da ich euch

und viele andere aussenden werde in alle Welt, die Frohe Botschaft zu verkündigen."
Und ich spürte das Nahen dieses Tages.

Da ich euch von Johannes und seiner Frage an Jesus berichtet habe, will ich euch auch noch darüber Kunde geben, auf welche erschütternde Weise jener fromme Mann bald darauf zu Tode kam.
Herodes Antipas hatte Herodias, die Frau einer seiner Halbbrüder, geheiratet und damit gegen jüdisches Gesetz verstoßen. Johannes war der einzige gewesen, der es wagte, den Fürsten deshalb öffentlich zu tadeln, und vor allem Herodias haßte ihn deswegen. So veranlaßte sie ihren Mann, den Täufer festnehmen zu lassen, ja forderte sogar, er solle getötet werden.
Antipas wollte sich aber zu diesem Mord nicht bereitfinden, denn in seinem Inneren wurde er trotz seiner Verkommenheit von den Vorhaltungen des Johannes sehr bewegt. Er besuchte den Täufer auch gelegentlich im Gefängnis, da ihm die Gespräche mit ihm Schuldgefühle bereiteten, die er sonderbarerweise zu genießen schien.
Als nun Herodes an seinem Geburtstag seine Hofbeamten und Offiziere sowie die vornehmen Bürger Galiläas zu einem großen Festmahl einlud, da sah seine Frau die Gelegenheit gekommen, endlich ihren Willen durchzusetzen.
Da sie die abartigen Gelüste ihres Mannes nur zu gut kannte, ließ sie während dieses Mahles ihre Tochter Salomé, ein zehn- oder elfjähriges Mädchen, mit nichts als ein paar durchsichtigen Schleiern bekleidet vor dem Fürsten und seinen Gästen tanzen. Die gerade aufknospende Weiblichkeit dieses Kindes erregte Herodes so sehr, daß er zu ihr sprach: „Sag mir, was du willst! Egal was es ist, und wenn es auch die Hälfte meines Reiches wäre, ich will es dir geben!"
Und das Mädchen antwortete, da ihre Mutter es ihr so gesagt hatte: „Ich will, daß du mir sofort auf einer Schale den Kopf des Täufers Johannes bringen läßt!"
Da war Herodes zunächst sehr bestürzt, weil er Johannes immer gern gehört hatte. Doch hatte er vor all seinen Gästen ein Versprechen abgegeben und schließlich gefiel er sich auch in der Rolle des mächtigen Herrschers, der sich vor einem Kind, das ihn erregt, seiner Macht begibt und um ihretwillen sogar einen heiligen Mann töten läßt.

So befahl er also dem Scharfrichter, ins Gefängnis zu gehen und den Kopf des Täufers zu bringen. Der Scharfrichter ging und enthauptete Johannes. Dann brachte er den Kopf auf einer Schale, gab ihn dem Mädchen, und das Mädchen gab ihn seiner Mutter.
So aber starb jener, der im Namen Gottes das Kommen unseres Erlösers verkündigt hatte.

XXXIV

Der Name der Mutter unseres Herrn war Maria. Sie hatte als junge Frau einen Zimmermann namens Josef geheiratet, der Witwer war und von seiner ersten Frau bereits sieben Kinder, vier Söhne und drei Töchter, geschenkt bekommen hatte. Sie alle lebten, bis auf Josef, der mittlerweile gestorben, in Nazareth, wo auch Jesus großgeworden war. Eines Tages machte sich der Herr daher mit uns auf den Weg in seine Heimatstadt. Bevor er jedoch seine Familie besuchte, ging er in die dortige Synagoge, denn es war Sabbat und Zeit für den Gottesdienst. Am Eingang des Gebetshauses begegnete er nun seinen Brüdern Jakobus, Josefus, Judas und Simon. Doch waren diese keinesfalls erfreut, als sie Jesus sahen. Der älteste der vier, Jakobus, dem man, da er ein großer Eiferer für das Gesetz war, den Beinamen ‚der Gerechte' gegeben hatte, sprach vielmehr: „Mußtest du hierher kommen, um uns auch noch in unserer Heimatstadt Schande zu machen? Wir haben schon genug zu leiden um des Rufes willen, den du verbreitest. Und wenn du meine Meinung zu deinem anmaßenden Auftreten hören willst, so sage ich dir: Du bist von Sinnen!"
Wir Jünger waren, wie ihr euch denken könnt, sehr erstaunt über diese Worte. Zwar hatten wir uns bislang noch keine Gedanken darüber gemacht, wer wohl die Familie des Herrn sei, doch hätten wir nie vermutet, daß seine eigenen Brüder seiner Verkündigung so feindlich gegenüberstanden.
Jesus schien weder überrascht noch verärgert, sondern sprach lediglich zu den vieren, die sich ihm in den Weg gestellt hatten: „Wollt ihr mich daran hindern, das Haus Gottes zu betreten?"
Und da er dies gesagt hatte, hieß Jakobus die anderen drei zur Seite treten und Jesus den Weg freigeben.

Später nun während des Gottesdienstes predigte der Herr zu den Gläubigen seiner Heimatstadt, wie es auch anderenorts seine Gewohnheit war. Sie jedoch hörten nicht auf das, was er sagte, sondern ärgerten sich bloß, daß es einer der Ihren war, der so zu ihnen sprach. Und sie tuschelten untereinander: „Woher hat er das alles? Was ist das für eine Weisheit, die ihm gegeben ist? Und was sind das für Wunder, die durch ihn geschehen? Das ist doch der Sohn Marias! Und seine Brüder und Schwestern leben unter uns! Da will er uns belehren?“
So nahmen sie also Anstoß an ihm und lehnten ihn ab.
Jesus sprach zu ihnen: „Nirgendwo hat ein Prophet so wenig Ansehen wie in seiner Heimat, bei seinen Verwandten und in seiner Familie.“
Dann verließ er die Synagoge und ebenso die Stadt.
Und wegen des Unglaubens der Menschen konnte er dort keine Wunder tun.

Als wir am Abend unser Lager aufschlugen, da bedauerte es der Herr, daß er seine Mutter nicht hatte besuchen können. Denn vor allem um sie zu sehen, war er nach Nazareth gekommen. Und so faßte er den Beschluß, noch einmal dorthin zurückzukehren.
Gerade als er sich aber auf den Weg machen wollte, kam ihm Maria auf einem Esel sitzend, der von Jakobus geführt wurde, bereits entgegen. So begannen wir zu verstehen, warum man diesem Mann den Beinamen der Gerechte gegeben hatte. Denn wenn er auch dem Gesetz sehr viel mehr Bedeutung beimaß, als Jesus dies tat, so war doch seine Gerechtigkeit um vieles größer als die der Schriftgelehrten und Pharisäer. Er litt zwar darunter, daß sein Bruder, den er nicht verstehen konnte, dem Ansehen der Familie schadete, hätte es jedoch niemals zugelassen, daß der Sohn deshalb von der Mutter ferngehalten würde.
Jesus ging nun mit Maria ein paar Schritt abseits vom Lager und setzte sich mit ihr auf einen Fels. Während sie so beieinander saßen, redeten sie nur wenig, doch war eine große Harmonie zwischen ihnen.
Ich habe die Mutter des Herrn vor seinem Tode nur dieses eine Mal gesehen und sie schien mir damals ebenso würdevoll wie von einem großen Gram erfüllt. Später, nach der Hinrichtung und der Auferstehung Christi, lernte ich sie besser kennen und sie vertraute mir ein Geheimnis an, von dem sie mich bat, es erst nach ihrem eigenen Tode

weiterzugeben. Und als sie dann von uns gegangen war, stellte ich fest, daß sie auch einigen der anderen Jünger unter derselben Bedingung des Schweigens von jenen wunderbaren Ereignissen erzählt hatte, von denen sie wollte, daß sie der Welt um ihres Sohnes willen bekannt würden.
So will ich euch denn nun davon berichten, wie es sich nach dem Zeugnis seiner Mutter mit der Geburt Jesu verhalten hat.

Als Maria noch eine sehr junge Frau und gerade dem Josef verlobt war, da hatte sie eine himmlische Erscheinung. Sie sah einen Engel, der zu ihr sprach: „Sei gegrüßt, Maria, voll der Gnade, der Herr ist mit dir. Du bist gesegnet unter allen Frauen, und gesegnet ist die Frucht deines Leibes."
Als der Engel dies sagte, erschrak Maria, denn sie hatte weder Josef noch sonst einen Mann je erkannt. Der Engel aber laß ihre Gedanken und fuhr fort, zu ihr zu sprechen: „Fürchte dich nicht, denn der Geist Gottes wird über dich kommen und die Kraft des Höchsten dich überschatten. Und du wirst einen Sohn gebären, dem du den Namen Jesus geben sollst. Er wird die Gebeugten erlösen und Sohn Gottes genannt werden. Seine Herrschaft wird kein Ende haben."
Da sagte Maria: „Siehe, ich bin die Magd des Herrn. Mir geschehe, wie du gesagt hast."
Der Engel verließ sie und bald darauf bemerkte Maria, daß sie tatsächlich ein Kind erwartete.
Als sie aber Josef, ihrem Verlobten, davon erzählte, glaubte er ihr zunächst nicht, daß sie das Kind jungfräulich empfangen hatte, und so wollte er sich von ihr trennen. Da er ein gütiger Mann war, lag ihm nicht daran sie bloßzustellen, und er beschloß, sie in aller Stille zu entlassen. Während er aber noch darüber nachdachte, sah auch er im Traum einen Engel, der zu ihm sprach: „Josef, Sohn Davids, fürchte dich nicht, Maria als deine Frau zu dir zu nehmen. Denn das Kind, das sie erwartet, ist vom Heiligen Geist."
Und als Josef erwachte, tat er, was der Engel ihm geheißen hatte, und er nahm Maria zu sich als seine Frau. Doch erkannte er sie auch dann nicht.
Als für Maria die Zeit ihrer Niederkunft kam, gebar sie ihren Sohn in

der Stadt Bethlehem, von der verheißen war, daß aus ihr der Messias hervorgehen würde.
Die anderen Jünger, zu denen die Mutter des Herrn von diesen Ereignissen gesprochen hatte, wußten hierüber noch weitere Begebenheiten zu berichten: Wie etwa von der Reise Josefs und Marias von Nazareth nach Bethlehem; von der Anbetung des Neugeborenen durch die Hirten und die drei Sterndeuter; vom Kindermord des König Herodes oder von der Flucht Josefs und Marias mit dem Jesuskind nach Ägypten. Ich aber habe zu euch nur von den Dingen gesprochen, die Maria mir selbst anvertraut hat.

An jenem Abend, da die Mutter des Herrn ihren Sohn vor den Toren der Stadt Nazareth besuchte, waren sie und er wohl die einzigen, die wußten, daß er schon bald einen grausamen Tod würde sterben müssen.
Denn auch dies hat Maria mir später einmal erzählt: Zeit ihres Lebens war ihr nicht nur bewußt gewesen, daß ihr Sohn gekommen war, die Welt zu erlösen, sondern auch, daß er schweres Leid in ihr würde zu erdulden haben. Und um so mehr der Tag sich nahte, da sein Schicksal sich erfüllen sollte, um so schwerer hatte sie an diesem Wissen zu tragen.
An jenem Abend aber sah sie ihn zum letzten Mal, bevor er vor ihren Augen am Stamm des Kreuzes sein Leben hingeben sollte.

XXXV

In den nächsten Tagen sammelte Jesus alle jene um sich, die ihm in den letzten Monaten gefolgt waren.
Und er sprach zu uns: „Nachdem ich die Taufe des Johannes empfangen und bevor ich angefangen habe, das Reich Gottes zu verkündigen, habe ich vierzig Tage in der Wüste gelebt und gefastet. Ihr wißt, daß ich nicht zu jenen gehöre, die die Entsagung um der Entsagung willen predigen. Denn der himmlische Vater hat die Welt reich und schön erschaffen, und es käme einer Sünde gleich, sich ihrer Wunder nicht zu erfreuen. Doch geht es vor allem darum, den Willen Gottes zu tun, auch wenn dies bisweilen bedeutet, Verzicht zu leisten. So liegt also der Sinn des Fastens darin, den Verzicht zu *üben*.

Ich habe zu euch davon gesprochen, daß der Tag kommen wird, an dem ich euch in alle Welt senden werde, die Frohe Botschaft zu verkündigen. Dabei wird euch große Freude zuteil werden, doch werdet ihr auch mancherlei Versuchungen zu bestehen haben. Damit ihr schon heute erfahrt, daß ihr diesen Versuchungen gewachsen seid, und daß ihr es auch vermögt, Verzicht zu leisten, wenn die Umstände es später einmal von euch erfordern werden, will ich euch nunmehr aussenden in die Städte und Dörfer Israels, in meinem Namen das Reich Gottes zu verkündigen. Geht jeweils zu zweien und nehmt außer einem Wanderstab nichts mit auf den Weg: kein Brot, keine Vorratstasche, kein Geld, keinen zweiten Rock und kein zweites Paar Schuhe. Wenn ihr unterwegs hungrig seid oder Obdach braucht, so bittet und es wird euch gegeben werden. Gibt man euch nicht, so fragt anderenorts, bis ihr jemanden findet, der euch zu geben bereit ist. Nehmt, was man euch anbietet, denn ihr seid Arbeiter im Weinberg Gottes, und wer arbeitet, hat ein Recht auf seinen Lohn. Verkündet, was ihr von mir empfangen habt und heilt wie ich die Kranken. Wer euch hört, der hört mich, und wer mich hört, der hört den, der mich gesandt hat. Geht hin und erfahrt, was es heißt weiterzugeben, was ihr von mir empfangen habt. Denn wer für sich behalten will, was ihm gegeben wurde, der wird es verlieren, wer es aber weitergibt, der wird es gewinnen. Geht also und lernt es, eure Furcht zu überwinden, geht und lernt es zu geben."
Und mit diesen Worten sandte der Herr uns aus.
Mich hieß er, meinen Weg gemeinsam mit Didymus zu gehen.

XXXVI

Ihr könnt euch vorstellen, wie seltsam es uns war, der Weisung des Herrn zu folgen. Zwar hatten wir uns in der Zwischenzeit daran gewöhnt umherzuziehen, doch waren wir dabei bislang immer in der Gefolgschaft Jesu gewesen. Er hatte uns den Weg gewiesen und er hatte zu den Menschen gepredigt. Nun aber waren wir auf uns allein gestellt, sollten selber verkündigen, was wir doch erst vor kurzem gelernt hatten, ja sollten sogar selber Kranke heilen.
Zunächst erschien es uns völlig unmöglich, daß uns dies jemals gelin-

gen sollte, doch da Jesus es uns aufgetragen hatte, wagten wir den Versuch. Und siehe: Zu unserer eigenen Verwunderung gelang es! Ähnlich wie Didymus und mir erging es dabei auch den anderen, die wie wir ausgesandt waren. Wir alle sprachen zu den Menschen, wo immer wir ihnen begegneten, von Jesus und seiner Frohen Botschaft und viele hörten uns zu. Oft hatten die Leute bereits vom Herrn gehört und waren begierig, Näheres zu erfahren, bisweilen kamen wir aber in so abgelegene Gegenden, daß wir die ersten waren, die dort den Anbruch des Gottesreiches verkündeten. Natürlich stießen wir auch auf Ablehnung, und häufig mußten wir längere Zeit ohne Essen und ohne ein Dach über dem Kopf auskommen. Doch alles in allem waren wir sehr überrascht, wieviel mehr Gottes- und Nächstenliebe es unter den Menschen gibt, als wir zuvor vermutet hätten. So fanden wir auch die Kraft, ganz wie Jesus, den Kranken, die man uns brachte, die Hände aufzulegen und vielen von ihnen durch die Kraft des Glaubens Linderung oder gar Heilung zu verschaffen. Und wie Jesus es prophezeit hatte, wurde uns, da wir seinen Auftrag erfüllten, trotz aller Schwierigkeiten und Entbehrungen große Freude zuteil.

XXXVII

Auf den Wegen, die wir gemeinsam zurücklegten, sprach ich mit Didymus viel über alles, was uns widerfahren, seit wir Jesus begegnet waren. Und so fragte ich ihn eines Tages, wie er die Worte des Herrn von der Auferweckung der Toten und vom ewigen Leben auffaßte.
Er antwortete mir: „Das ist die Frage aller Fragen, Simon. Denn von ihrer Beantwortung hängt alles andere ab. Was wäre unser Glaube, was wäre unser Leben ohne jene Zuversicht auf die kommende Welt? Mehr als für alles andere danke ich daher dem Herrn, daß er meine Hoffnung auf ein Leben nach dem Tod aufs neue gestärkt hat."
„Hattest du diese Hoffnung denn schon einmal verloren?", fragte ich.
Und Didymus sprach: „Nein, nicht wirklich. Denn schon die Philosophie lehrt uns, das ewige Leben als wahrscheinlich zu betrachten, da es nämlich unmöglich ist, sich eine Welt ohne Schöpfer vorzustellen, und beinahe ebenso unmöglich, diesen Schöpfer als böse oder auch nur unbeteiligt zu denken. Denn die Bosheit wie auch das Unbeteiligtsein

sind im Gegensatz zur Liebe weniger vollkommen. Wie aber sollte es dem Schöpfer an Vollkommenheit mangeln, und wie könnte es ein liebevoller Schöpfer zulassen, daß der Tod das letzte Wort über das Leben spräche?
Viel wahrscheinlicher ist es zu denken, daß der Tod nur eine Stufe der Verwandlung ist, wie wir sie in der Natur überall beobachten. Unser irdischer Körper stirbt und kehrt zum Staub zurück, aus dem er entstanden ist, unsere Seele aber ... ," er lächelte und fuhr dann fort: „Ja Simon, darin liegt das Geheimnis, was geschieht mit unserer Seele?"
„Was denkst du?," wollte ich wissen.
Und er sprach: „Nun, fragen wir uns zunächst, was das eigentlich ist, unsere Seele. Ich glaube, daß alle unsere Eindrücke und Gefühle, alle unsere genutzten und ungenutzten Möglichkeiten, alle unsere Taten und Erlebnisse uns zu den unverwechselbaren Menschen machen, die wir sind. Die Erinnerung daran lebt als Seele in unserem Körper, bestimmt unser Handeln und Empfinden und wird dadurch weiter geformt. Gleichzeitig leben unsere Erinnerungen auch bei Gott, der ja in jeder Sekunde unseres Lebens bei uns ist. Wenn aber unser Körper, die irdische Form unserer Seele, stirbt, so lebt doch unsere himmlische Seele, die keine andere, sondern genau dieselbe ist wie die unseres Körpers, bei Gott weiter.
Er läßt unsere Erinnerungen nicht in Vergessenheit geraten, sondern erhält sie lebendig. Als die unverwechselbare Seele, die es so nur ein einziges Mal im Universum gibt, erhält er sie lebendig und schenkt ihr die Möglichkeit, auch ohne den irdischen Körper weiterhin Neues zu erfahren, sich auch weiterhin mitzuteilen und zu entwickeln.
Denn stell dir vor, du hättest in deinem irdischen Leben einem anderen Geschöpf ein Unrecht zugefügt und müßtest nun eine ganze Ewigkeit daran denken! Stell dir vor, du müßtest eine ganze Ewigkeit an das Böse denken, das man dir zugefügt hat! Wie furchtbar wäre es, niemals die Schuldgefühle und niemals den Haß überwinden zu können!
Da Gott aber liebevoll ist und die Liebe immer die Aussöhnung und die Gemeinschaft sucht, so gibt er den Seelen die Gelegenheit, aneinander gut zu machen, was sie sich zugefügt haben. Ich glaube, das ist es, was mit dem reinigenden Feuer des Gerichts gemeint ist, von dem Johannes sprach. Denn eine solche Aussöhnung ist, wenn zuletzt auch befreiend, zunächst doch sicherlich schmerzhaft."

„Soll das denn heißen," so fragte ich, „daß auf diese Weise jeder irgendwann einmal von der Last seiner Sünden befreit wird?"
Und Didymus antwortete: „Es wäre zu hoffen. Wir müssen allerdings bedenken, daß die Menschen frei sind, Gutes oder Böses zu tun, und daß uns diese Freiheit sicherlich auch im Jenseits nicht genommen wird. So kann man also nicht mit Gewißheit sagen, ob alle einmal die Vollendung, die liebevolle Gemeinschaft mit Gott und den anderen Seelen, schauen werden. Denn vielleicht wollen sich ja einige später ebensowenig bekehren, wie sie es heute tun. Andererseits wird die Barmherzigkeit Gottes ewig währen, so daß ich doch zuversichtlich bin, daß irgendwann alle Geschöpfe des Allmächtigen zu ihm heimgelangen. Erinnere dich an Jesu Gleichnis von dem verlorenen Schaf! Gott gibt keinen von uns verloren. Wir alle haben eine unendliche Zukunft, und es liegt bei uns, wieviel Leid wir noch anderen und dadurch uns selbst zufügen wollen. Es liegt bei uns, wie nahe oder wie fern wir dem Reich Gottes sind. Denn das ist es doch, was uns die Frohe Botschaft Jesu sagt: Gott öffnet uns die Tore zur Vergebung himmelweit, wir müssen nur noch durch sie eintreten!"
Nachdem Didymus so gesprochen hatte, schwieg ich eine Weile, denn seine Worte bewegten mich sehr. Dann fragte ich, da ich an das Kind denken mußte, das Rachel mir einst schenken wollte, das aber dann bereits früh in ihrem Leib gestorben war, was denn wohl aus der Seele dieses Kindes werden würde, da es doch noch keine Erinnerungen hatte.
Und Didymus antwortete: „Nun, auch die ungeborenen Kinder haben eine Seele, denn sie haben ja gelebt im Leib ihrer Mutter. Wenn aber Gott für uns, die wir Sünder sind, eine Zukunft bereit hält, um wieviel mehr dann wohl für jene unschuldigen Seelen?"
Und liebevoll legte er seinen Arm um meine Schultern und sprach: „Vertrau nur auf die Güte Gottes, Simon! Er hat dein Kind schon lange die Vollendung schauen lassen. Und eines Tages wirst auch du dort hingelangen, wo das Kleine dich schon erwartet."

Einige Tage später fanden wir uns noch einmal im Gespräch über das ewige Leben. Und irgendwie ergab es sich, daß ich Didymus fragte, ob denn seiner Meinung nach auch die Tiere, die ja ebenfalls Erinnerungen besaßen, eine unsterbliche Seele hätten. Und er sagte, ja, das

glaube er. Mehr noch, er sprach von der Lehre des Aristoteles, wonach alle Materie zusammengesetzt ist aus winzigen Teilchen, die der Philosoph Atome nannte. Didymus glaubte, daß selbst in diesen Atomen, da sie ja zueinander in Beziehung standen, Gefühle und Erinnerungen seien, und daß auch diese Erinnerungen nicht verloren gingen.
„Die ganze Schöpfung“, sprach er, „ist voller Leben, das ständig neues Leben hervorbringt. Es kann aber kein Leben ohne Veränderung geben und keine Veränderung ohne Leid. Doch während das Leid vergänglich ist, ist das Leben ewig. So kann man die Schöpfung mit einer Frau vergleichen, die ein Kind gebiert. Ihre Wehen sind schmerzhaft und bringen sie fast um den Verstand. Sie dienen aber der Geburt eines neuen Lebens und gehen vorüber. Wenn die Mutter dann ihr Kind im Arm hält, hat sie die Schmerzen vergessen und ist voller Freude. So ist auch unser Leben wie die Geburtswehe unserer Seele, ja die ganze Schöpfung wie die Geburtswehe der kommenden Welt. Alles Leid wird irgendwann einmal vorüber gehen, und wir werden schließlich die Vollendung schauen.“

XXXVIII

An dem vereinbarten Tag versammelten wir, die wir von Jesus ausgesandt waren, uns wieder bei ihm in Kafarnaum. Und wir berichteten ihm alles, was wir getan und erlebt hatten. Viele der Menschen, denen wir unterwegs seine Frohe Botschaft verkündigt hatten, waren uns gefolgt, und es wurden immer mehr, die in die Stadt drängten.
Der Herr freute sich sehr über den Glauben, den wir geweckt hatten, doch sah er auch, daß wir müde waren von den Strapazen der Wanderschaft. Er sprach zu uns: „Kommt mit an einen einsamen Ort, wo wir alleine sind, und ruht ein wenig aus.“
Und wir fuhren mit den Booten in eine einsame Gegend nahe Betsaida. Man hatte uns aber abfahren gesehen, und irgendwie brachten die Leute es auch heraus, wohin wir gefahren waren. So machten sie sich also zu Fuß von Kafarnaum auf den Weg, und einige kamen noch vor uns dort an. Als Jesus vom Boot ausstieg und die Menschen sah, die nach und nach eintrafen, weil sie ihn hören wollten, empfing er sie freundlich und bat sie, sich niederzusetzen.
Unser aller Erstaunen wurde von Stunde zu Stunde größer, da es

immer mehr wurden, die aus allen Himmelsrichtungen zusammenkamen. Am Nachmittag hatten sich Tausende versammelt und sie alle warteten darauf, daß der Herr zu ihnen sprechen würde.
Nun sahen wir mit unseren eigenen Augen, was es bedeutete, daß ein Samenkorn, das in gutes Erdreich fällt, dreißig-, siebzig-, ja hundertfache Frucht trägt. Vor weniger als einem Jahr hatte der Herr damit begonnen, das Reich Gottes zu verkündigen. Und wenn er auch mit seiner Predigt häufig auf taube Ohren gestoßen war, so hatte er doch auch viele Menschen bekehren können. Und jene Bekehrten wiederum hatten, wie wir Jünger, das Wort weitergetragen und es anderen verkündet. So hatte es sich, kaum bemerkt, zunächst in Galiläa, aber auch in den anderen Gebieten Israels, ja bis nach Syrien hinein verbreitet. Und da bekannt geworden war, daß Jesus heute die Seinen um sich sammeln wollte, da waren die Menschen von nah und fern gekommen, um an jenem Tag bei ihm zu sein.
Als sie schließlich alle eingetroffen waren, stieg der Herr auf einen sanft sich erhebenden grünen Hügel und sprach zu ihnen:
„Freut euch ihr Armen, denn das Reich Gottes ist unter euch! Freut euch, selbst wenn ihr jetzt hungert, denn der Tag wird kommen, an dem ihr gesättigt werdet!
Freut euch, selbst wenn ihr jetzt weint, denn der Tag wird kommen, an dem ihr wieder lachen könnt!
Da euch die Frohe Botschaft gebracht wurde, lebt als Kinder des Lichtes und nicht länger als Kinder der Finsternis. Liebet einander so, wie ich euch liebe, und schließt auch eure Feinde nicht aus eurer Liebe aus. Es mag euch merkwürdig erscheinen, daß ich euch darum bitte, auch eure Feinde zu lieben, doch wie sollten sie sich jemals wandeln, wenn nicht durch euch? Überlegt also, ob es nicht bisweilen sinnvoller sein kann, demjenigen, der euch auf die eine Wange schlägt, auch die andere hinzuhalten, und demjenigen, der euch den Mantel wegnimmt, auch noch das Hemd zu geben. Denn vielleicht veranlaßt ihn das eher, von seinem sündigen Tun abzulassen, als wenn ihr mit ihm streitet.
Bedenkt bei all euren Handlungen, den anderen nur das anzutun, von dem ihr wollt, daß sie es auch euch tun. Seid vor allen Dingen barmherzig, so wie auch euer himmlischer Vater barmherzig ist.
Wenn ihr einen Menschen ein Unrecht tun seht, so richtet nicht

sogleich über ihn. Denn bedenkt, auch ihr seid nicht ohne Sünde, und mit derselben Strenge mit der ihr urteilt, wird man auch über euch urteilen. Wenn ihr aber Vergebung schenkt, wird man auch bereit sein, euch zu vergeben. Nach dem Maß, nach dem ihr meßt und zuteilt, wird auch euch zugeteilt werden.
Wenn ein anderer Mensch einen Holzsplitter im Auge hat, werdet ihr ihn wohl bemerken. Doch häufig habt ihr selber einen ganzen Balken im Auge und bemerkt ihn nicht. Bevor ihr also den anderen auf seinen Splitter aufmerksam macht, entfernt zunächst den Balken, sonst wird man euch Heuchler nennen.
Hütet euch in allem davor, eure Gerechtigkeit zur Schau zu stellen. Wenn ihr Almosen gebt, so laßt es nicht vor euch herposaunen, sondern gebt so, daß eure linke Hand nicht weiß, wieviel eure rechte gegeben hat. Wenn ihr Gutes tut, so tut es im Verborgenen. Denn nur dann könnt ihr sicher sein, daß ihr es aus Liebe getan habt und nicht um des Lobes willen, das man euch spendet.
Häufig ist der Weg, der zum Guten führt, schmal und schwierig. Geht ihn aber dennoch, damit ihr nicht auf dem breiten und bequemen Weg der Sünde Schaden an eurer Seele nehmt.
Da ihr nun meine Worte gehört habt, handelt danach. Denn jeder, der dies tut, ist wie ein kluger Mann, der sein Haus auf Fels baut. Selbst wenn Wolkenbrüche kommen und Wassermassen heranfluten, selbst wenn Stürme toben und an dem Haus rütteln, es stürzt nicht ein, denn es ist ja auf Fels gebaut. Wer aber meine Worte gehört hat und nicht danach handelt, der ist wie ein unvernünftiger Mann, der sein Haus auf Sand baut. Wenn die Wolkenbrüche kommen und die Wassermassen heranfluten, wenn die Stürme toben und an dem Haus rütteln, dann wird es einstürzen und zerstört werden.
Laßt uns aber nunmehr, da wir beisammen sind, beten."
Die Menschen, die Jesus zu Füßen gesessen hatten, erhoben sich. Und er betete:
„Unser Vater im Himmel, dein Name soll alle Zeit von uns heilig gehalten werden.
Dein Reich, das du unter uns hast anbrechen lassen, möge zur Vollendung gelangen.
Dein Wille soll erfüllt werden von denen, deren Seelen bereits bei dir sind wie auch von uns hier auf Erden.

Hilf uns die Reichtümer, die du durch deine Schöpfung schenkst, gerecht unter uns zu verteilen, so daß jeder das Brot hat, das er zum Leben braucht.
Du vergibst uns unsere Schuld und so wollen auch wir einander vergeben.
Wenn wir in dir bleiben, werden wir die Kraft haben, allen Versuchungen zu widerstehen und das Böse zu überwinden.
Wir glauben an dich himmlischer Vater und setzen alle unsere Hoffnung und all unser Vertrauen auf dich.
Denn dein ist das Reich und die Kraft und die Herrlichkeit in Ewigkeit."
Und alle sprachen: „Amen."

Nachdem Jesus so zu den Leuten gesprochen und mit ihnen gebetet hatte, wußten sie nicht recht, wie sie sich nun verhalten sollten. Er sprach zu ihnen: „Bleibt noch eine Weile beisammen, lernt einander kennen und eßt gemeinsam."
Doch nur wenige kamen dieser Aufforderung des Herrn nach. Die meisten unterhielten sich, wenn überhaupt, nur mit denjenigen, mit denen sie gekommen waren, kaum einer öffnete seine Vorratstasche, und schnell brachen die ersten auf, um zu gehen. So sagten auch einige von uns Jüngern zum Herrn, als wir sahen, daß die Leute begannen, sich unwohl zu fühlen: „Der Ort ist abgelegen, und es ist schon spät. Schick sie doch lieber in die umliegenden Dörfer und Gehöfte, damit sie sich etwas zu essen kaufen können."
Jesus erwiderte: „Gebt ihr ihnen zu essen!"
Da fragten wir ihn: „Woher sollen wir soviel Geld nehmen, für sie alle Brot zu kaufen?"
Er sprach: „Seht nach, wieviel Brote ihr dabei habt!"
Es erschien uns sinnlos, dieser Aufforderung nachzukommen, denn wieviel wir auch immer eingesteckt haben mochten, es konnte unmöglich reichen, um Tausende zu sättigen. Doch gehorchten wir dem Herrn, fanden aber nicht mehr als fünf Brote und zwei Fische.
Jesus schien das zu unser aller Verwunderung zu genügen. Denn noch einmal sprach er zu den Leuten und sagte ihnen diesmal, sie sollten sich zu Gruppen ins Gras setzen.
Seiner Bitte, sich kennenzulernen und gemeinsam zu essen, waren sie

nicht nachgekommen, wohl weil sie nicht recht gewußt hatten, wie es anfangen. Da sie nun aber eine klare Aufforderung erhalten hatten, folgten sie ihr bereitwillig.
Und Jesus nahm die fünf Brote und die zwei Fische, so daß alle Versammelten es sehen konnten, blickte zum Himmel empor und sprach, wie es unserer Sitte vor jedem Mahl entspricht, den Lobpreis. Dann brach er die Brote, zerteilte auch die Fische und gab sie uns Jüngern.
Mit diesen kleinen Stückchen Brot und den noch kleineren Stückchen Fisch, die jeder von uns nun in Händen hielt, schickte er uns zu den einzelnen Gruppen, um es den Leuten zu geben.
Jene aber, denen wir es als ersten anboten, gaben es meist weiter, da ihnen auf einmal einfiel, daß sie ja selber noch eine gut gefüllte Vorratstasche hatten, aus deren Inhalt mehr als nur einer satt werden konnte. Und so teilten sie das, was sie hatten, mit ihren Nachbarn, und auch die gaben von dem, was ihrer war. Fast alle, die den oft weiten Weg gekommen waren, hatten sich etwas zu essen mitgebracht und mühelos wurden nun alle satt. Auch jenen, die ohne alles gekommen waren, mangelte es an nichts, da die Menschen angefangen hatten zu teilen.
Als wir hinterher die Reste der Brote und der Fische einsammelten, da waren es zwölf Körbe voll. Jesus sah uns lächelnd an und wiederholte, was er gebetet hatte:
„Hilf uns, die Reichtümer, die du durch deine Schöpfung schenkst, gerecht unter uns zu verteilen, so daß jeder das Brot hat, das er zum Leben braucht."

XIL

In jener Nacht hatte ich einen Traum:
Nachdem wir Jesus die gefüllten Körbe gebracht hatten, forderte er uns auf, in die Boote zu steigen und zurück nach Kafarnaum zu fahren. Inzwischen wollte er die Leute nach Hause schicken.
Nachdem er sie fortgeschickt hatte - es war schon Nacht geworden - stieg er noch einmal auf den Hügel, um in der Einsamkeit zu beten.
Unser Boot war in einen Sturm geraten und weit vom Land abgekommen. Riesige Wellen warfen uns hin und her und wir fürchteten uns sehr. Dann aber sahen wir Jesus, wie er auf dem Wasser gehend zu uns

kam. Zunächst fürchteten wir uns noch mehr, weil wir dachten, er sei ein Gespenst, und wir schrien vor Angst.
Doch da begann Jesus mit uns zu reden und sagte: „Habt Vertrauen! Ich bin es, fürchtet euch nicht!“
Darauf erwiderte ich ihm: „Herr, wenn du es bist, so befiehl, daß ich auf dem Wasser zu dir komme!“
Und Jesus sagte: „Komm.“
Da stieg ich aus dem Boot und ging über das Wasser auf Jesus zu. Als ich aber sah, wie heftig der Wind war, bekam ich Angst und begann unterzugehen. Und ich schrie: „Herr, rette mich!“
Sofort streckte Jesus die Hand aus und zog mich hoch.
Dann sprach er: „Du Kleingläubiger, warum hast du gezweifelt?“
Und er stieg mit mir in das Boot, und der Wind legte sich.
Wir Jünger fielen vor ihm nieder und sagten: „Wahrhaftig, du bist Gottes Sohn.“
Nun werdet ihr euch vielleicht fragen, warum ich euch meine Träume erzähle. Aber seht, Schwestern und Brüder, in diesem Traum findet ihr die ganze Wahrheit über mein Leben, meinen Glauben und über das, was ich euch von unserem Herrn Jesus Christus verkündigen kann.

XL

Einige Tage nachdem Jesus vor der großen Menschenmenge gepredigt hatte, brachte man einen Taubstummen zu ihm und bat, er möge ihn berühren.
Jesus führte den Mann von den neugierigen Umstehenden weg. Dann legte er ihm zunächst die Finger in die Ohren und berührte seine Zunge mit Speichel. Und er blickte zum Himmel auf, seufzte tief und sprach: „Öffne dich!“
Und sogleich öffneten sich die Ohren dieses Mannes, seine Zunge wurde von ihren Fesseln befreit, und er konnte richtig reden.
Als die Leute den Geheilten sahen, priesen sie Jesus und sagten über ihn: „Er macht die Tauben hören und die Stummen sprechen!“

Und es kamen einige Pharisäer zu Jesus, die verunsichert waren durch den großen Zulauf, den er hatte, wie auch durch die Wunder, die er wirkte. Und so baten sie ihn, daß er ihnen ein Zeichen vom Himmel

gäbe, damit sie wissen konnten, ob sie ihm oder weiterhin den Ihren glauben sollten.
Jesus sprach zu ihnen: „Welches Zeichen soll ich euch geben, das ich euch nicht schon gegeben hätte? Ihr habt die Botschaft vernommen, die ich im Namen Gottes verkünde. Doch laßt ihr sie euch nicht zum Zeichen sein, sondern ihr sucht nach Wegen, mich einen Irrlehrer zu nennen. Ihr seid Zeugen der heilenden Kraft meiner Botschaft geworden, doch sucht ihr nach Wegen, sie zu leugnen. Meint ihr, ich wüßte nicht, daß ihr behauptet, ich triebe Dämonen mit Hilfe des Satans aus?"
Die Pharisäer hatten Mühe, ihre Verlegenheit zu verbergen, denn tatsächlich war von ihnen dieses Gerücht verbreitet worden, um die Menschen von Jesus fernzuhalten.
Der Herr fuhr lachend fort zu ihnen zu sprechen: „Dämonen! Der Satan! Ich habe den Satan wie einen Blitz vom Himmel fallen sehen!"
Und wieder ernst werdend sagte er: „Wer Ohren hat, um zu hören, der hört. Wer Augen hat, um zu sehen, der sieht. Wer sich aber verschliessen will, der verschließt sich.
Selbst wenn ich euch das Zeichen des Jonas geben werde, werden Menschen wie ihr immer noch nicht an mich glauben. Ihr erinnert euch: Jonas wurde von einem Wal verschluckt und mit ihm in Tiefe und Dunkelheit hinuntergerissen. Am dritten Tag aber spie der Wal ihn wieder aus und er kehrte zurück zu den Lebenden.
Nun wohl, dieses Zeichen will ich euch geben. Öffnet euch, auf daß es euch nicht vergebens zuteil wird!"
Damals verstanden wir ebensowenig wie die Pharisäer, was der Herr mit diesem Zeichen des Jonas meinte. Später jedoch erkannten wir, daß er damit seinen Tod und seine Auferstehung angekündigt hat.

XLI

Als die Pharisäer gegangen waren, fragte uns Jesus: „Für wen halten mich die Menschen?"
Und wir antworteten ihm, was wir gehört hatten: „Einige halten dich für Johannes den Täufer, der von den Toten auferstanden ist, andere für Elija, wieder andere für einen anderen Propheten, der zurückgekehrt ist."
Und er fragte uns: „Ihr aber, für wen haltet ihr mich?"

Da wußte zunächst niemand von uns etwas zu sagen. Dann jedoch wagte ich zu sprechen: „Ich glaube, daß du der Messias bist, der Gesalbte Gottes, auf den wir schon so lange gewartet haben.“
Und Jesus erwiderte: „Selig bist du, Simon, daß du dies erkannt hast. Groß ist deine Liebe und dein Glaube ist fest. Deshalb will ich dich Petrus nennen, den Fels. Auf diesem Felsen wird sich nach meinem Tod die Gemeinschaft derer errichten, die an mich glauben.
Solange ich aber noch unter euch bin, möchte ich nicht, daß ihr davon sprecht, daß ich der Messias bin. Denn ich bin zwar gekommen, den Menschen die Erlösung zu bringen, doch nicht, wie sie glauben, mit Feuer und Schwert. Ich möchte, daß ihr mich als den Menschensohn erkennt, der beim Vater war vor aller Zeit und der gekommen ist, ein Reich des Friedens zu errichten.
Wisset, daß der Menschensohn vieles wird erleiden müssen von den Sadduzäern ebenso wie von den Schriftgelehrten und Pharisäern. Sie haben mich schon lange verworfen und bald auch werden sie mich töten. Doch trauert nicht um mich, denn am dritten Tag werde ich von den Toten auferstehen und alles, was ihr bisher noch nicht verstanden habt, werdet ihr dann erkennen.“
Da Jesus so über seinen Tod sprach, zerriß es mir das Herz, und ich sagte: „Das soll Gott verhüten, Herr! Das darf nicht geschehen!“
Doch fuhr er mich zornig an: „Weg mit dir, geh mir aus den Augen! Denn du hast nicht das im Sinn, was Gott will, sondern was die Menschen wollen.“
„Wie kann Gott wollen, daß du getötet wirst?“, versuchte ich mich zu rechtfertigen.
Und Jesus sprach: „Er will nicht meinen Tod. Noch weniger aber will er, daß ich mein Leben höher erachte als die Wahrheit, die zu bezeugen er mich gesandt hat. Ebenso wie für mich gilt das auch für euch und für jeden, der glaubt. Denn wer sein Leben retten will und dafür die Wahrheit opfert, der wird so sein Leben verlieren. Alles aber, was ihr um der Frohen Botschaft willen hingebt, werdet ihr dadurch erst wirklich gewinnen. Was nützt es einem Menschen, wenn er allen Reichtum der Welt anhäuft, dabei aber immer mehr sich selbst verliert? Was würde es mir nützen, das Leben meines Körpers zu retten, und dabei meine Sendung zu verraten?“
„Aber Herr,“ sagte ich, „wenn du glaubst, daß deinem Leben hier

Gefahr droht, dann laß uns in ein anderes Land fliehen. Dort wirst du die Wahrheit nicht verleugnen, doch auch nicht sterben müssen."
„Ich bin gekommen, um zu offenbaren, nicht um zu verbergen", sprach da der Herr. Und er fuhr fort: „Zwar hast du recht, Petrus, daß es keine Sünde ist zu fliehen, um sich in Sicherheit zu bringen. Die Achtung vor dem Leben gebietet dies. Doch gibt es Situationen, in denen Menschen nicht die Möglichkeit haben zu entkommen, sondern ihnen keine andere Wahl bleibt, als entweder um des Wahren und Guten willen zu leiden, oder selber unwahr und ungut zu handeln.
Ich habe den Menschen das Reich Gottes verkündigt. Wer anderes als ich sollte ihnen nun zeigen, daß es besser ist, alles und selbst den Tod zu erleiden, als diesem Reich Schaden zuzufügen? Viele, die mir nachfolgen, manche auch von euch, werden ebenfalls dieses äußerste Zeichen ablegen müssen. Niemand aber kann mein Zeugnis ersetzen.
Vergeßt nie, daß die Botschaft, die ich euch gebracht habe, eine Frohe Botschaft ist. Sie ist es wert, gelebt zu werden, ja sie ruft uns alle erst zum Leben. Solange in der Welt jedoch noch die Sünde herrscht - und sie wird auch in Zukunft weiterbestehen unter den Menschen - solange wird das Reich Gottes, die Herrschaft der Liebe, nicht nur begrüßt, sondern auch angefeindet werden. Vieles werden jene, die an meine Botschaft glauben, vollbringen, doch oftmals werden sie auch scheitern. Ich aber werde euch und allen zum Zeichen dafür werden, daß der wahre Triumph nicht in den Erfolgen liegt, die wir zählen, messen und wägen können, sondern darin, treu zu bleiben, selbst wenn man alles darum verliert.
Solange die Schöpfung noch nicht vollendet ist, läßt sich das Leid nicht aus ihr verbannen. Manches können wir tun, es zu hindern und zu lindern, doch niemals werden wir es in diesem Leben ganz besiegen. Für all jene, die dem Leiden unterworfen sind, will ich zum Zeichen werden, daß sie nicht alleine sind. Denn der Menschensohn trägt ihr Leid mit. Aus freien Stücken nimmt er alle Ohnmacht und Erniedrigung, allen Schmerz und alle Pein auf sich, um bei jenen zu sein, denen sonst niemand hilft. Und so wie er mit ihnen lebt und leidet, wird er auch mit ihnen sterben, damit sie die Gewißheit haben, daß sie mit ihm auferstehen werden.
Darum Petrus darf ich nicht fliehen. Denn es ist mir vorbestimmt zum Zeichen der Hoffnung, zum Erlöser von Leid und Sünde zu werden.

Wegen der Sünde werde ich den Tod erleiden, doch werde ich die Sünder darum nicht richten oder hassen. Wenn aber selbst jenen, die den Menschensohn ermordeten, vergeben wird, wem sollte dann nicht vergeben werden?
Ich bin das Opferlamm, das geschlachtet wird euch allen zum Zeichen der Vergebung."
Wir hörten die Worte Jesu, doch verstandenen wir sie nicht. Erst als all das, was er vorhergesagt hatte, eingetreten war, begann uns ihre Bedeutung aufzugehen.

XLII

Auch in der Nacht nachdem der Herr uns seinen Tod und seine Auferstehung angekündigt, hatte ich einen Traum:
Jesus nahm Jakobus, Johannes und mich beiseite und führte uns auf einen hohen Berg. Auf dem Gipfel dieses Berges wurde er vor unseren Augen verwandelt. Sein Gesicht leuchtete wie die Sonne und seine Kleider wurden weiß wie das Licht. Und neben ihm erschienen plötzlich Elija und Moses und redeten mit Jesus.
Ich aber, der ich vor Furcht nicht wußte, was ich sagen sollte, sprach: „Herr, es ist gut, daß wir hier sind. Wir wollen drei Hütten bauen, eine für dich, eine für Moses und eine für Elija."
Doch während ich noch redete, kam eine Wolke und warf ihre Schatten auf uns, und aus der Wolke rief eine Stimme: „Das ist mein geliebter Sohn. An ihm habe ich Gefallen gefunden. Auf ihn sollt ihr hören."
Als wir die Stimme vernahmen, fürchteten wir uns sehr und warfen uns mit dem Gesicht zu Boden. Da trat Jesus auf uns zu, berührte uns und sprach: „Steht auf, habt keine Angst."
Und als wir aufblickten, sahen wir nur noch ihn.
Während wir den Berg hinabstiegen, gebot er uns: „Erzählt niemandem von dem, was ihr gesehen habt, bis der Menschensohn von den Toten auferstanden ist."
Da Jesus so gesprochen hatte, erwachte ich und sah, daß Jakobus und Johannes zur selben Zeit erwachten. Und auch sie hatten den gleichen Traum geträumt.

XLIII

Am nächsten Tag kamen wir in die Stadt Nain und sahen dort eine große Menschenmenge um einige Jünger versammelt, die uns vorausgegangen waren. Einige Schriftgelehrte standen bei ihnen und stritten mit ihnen.
Sobald die Leute nun Jesus sahen, liefen sie in großer Erregung auf ihn zu und begrüßten ihn.
Jesus wollte von den Seinen wissen, worum der Streit ging. Da sprach einer aus der Menge der Umstehenden zu ihm: „Herr, ich habe meinen Sohn zu dir gebracht. Er ist von einem stummen Geist besessen. Immer wenn der Geist ihn überfällt, wirft er ihn zu Boden und meinem Sohn tritt Schaum vor den Mund. Er knirscht dann mit den Zähnen und wird ganz starr. Ich habe deine Jünger schon gebeten, den Geist auszutreiben, aber sie hatten nicht die Kraft dazu."
Und Jesus sagte: „Bringt ihn her zu mir!"
Man brachte den Jungen herbei. Sobald er den Herrn sah, zerrte es ihn hin und her, so daß er hinfiel und sich mit Schaum vor dem Mund am Boden wälzte.
Da fragte Jesus den Vater: „Wie lange hat er das schon?"
Und dieser antwortete: „Von Kind auf. Oft hat der Geist ihn sogar ins Wasser geworfen, um ihn umzubringen. Hilf uns, wenn du kannst! Hab Mitleid mit uns!"
Jesus sagte: „Wenn du kannst? Entweder du glaubst, daß ich es kann, oder du glaubst es nicht."
Da rief der Vater des Jungen: „Ich glaube! Hilf meinem Unglauben!"
Und Jesus sprach zu dem am Boden zuckenden Jungen: „Ich befehle dir, du stummer und tauber Geist: Verlaß ihn und kehr nicht mehr in ihn zurück!"
Abermals zerrte es den Jungen hin und her und er schrie laut auf. Dann lag er da wie tot, so daß die Leute schon sagten: „Er ist gestorben!"
Jesus aber faßte den Jungen bei der Hand und erhob ihn.
Von diesem Augenblick an war er geheilt.

XLIV

Am Abend dieses Tages sagte Jesus, daß er mit uns nach Jerusalem

ziehen wolle, um dort mit uns das Paschafest zu feiern. Und er sprach davon, daß sich dort in der heiligen Stadt sein Tod und seine Auferstehung ereignen würde.
Da es uns aber zu sehr angriff, hierüber zu sprechen, sagte Johannes: „Herr, wir haben gesehen, wie jemand in deinem Namen Wunder wirkte. Wir versuchten ihn daran zu hindern, weil er uns nicht nachfolgt.“
Und Jesus erwiderte ihm: „Hindert ihn nicht! Keiner, der in meinem Namen Wunder tut, kann so leicht schlecht von mir reden. Wer aber nicht gegen uns ist, der ist für uns.“
Und auch Jesus sprach an diesem Abend nicht weiter von dem Schicksal, dem er entgegenging.

XLV

Am nächsten Tag brachen wir nach Jerusalem auf und wählten dabei den Weg durch Samaria. Auch in diesem Teil Palästinas leben Juden und auch sie glauben an den einen Gott. Doch unterscheiden sie sich in vielen Sitten und Gebräuchen wie auch in mancherlei Ansichten von den Juden der anderen Gebiete Israels. So wurde es den Samaritern auch schon vor langer Zeit verboten, Gott im Tempel in Jerusalem zu verehren. Sie errichteten sich ihren eigenen Tempel auf dem Berge Garizim, der aber von den anderen Juden bald wieder zerstört wurde. Die Schriftgelehrten und Pharisäer lehrten uns, die Samariter zu verachten und uns von ihnen fernzuhalten. Deshalb wählten auch viele Gläubige, die von Galiläa nach Jerusalem reisten, lieber den Umweg durch die Gegend östlich des Jordans als die kürzere Strecke durch Samaria.
Als wir nun am dritten Tag unserer Pilgerfahrt nach Sychar kamen, das nahe dem Berg Garizim liegt, rasteten wir an einem alten Brunnen, den bereits Jakob gegraben und an dem bereits er seine Herden geweidet hatte. Dort schöpfte eine samaritische Frau gerade Wasser.
Und Jesus sagte zu ihr: „Bitte gib mir zu trinken.“
Da wunderte die Frau sich sehr und fragte: „Wie kannst du als Jude mich, eine samaritische Frau, um Wasser bitten?“
Jesus erwiderte ihr: „Wenn du wüßtest, wer dich fragt, würdest du mich bitten, daß ich dir lebendiges Wasser gäbe.“

„Was willst du damit sagen? Dieses Wasser ist lebendig. Es kommt aus einer Quelle und ist nicht abgestanden."
„Ja. Aber wer von diesem Wasser trinkt, wird wieder Durst bekommen. Wer von dem Wasser trinkt, das ich ihm gebe, wird niemals mehr Durst haben. Es wird ihm zu einer sprudelnden Quelle werden, deren Wasser ewiges Leben schenkt."
Da sagte die Frau zu ihm: „Herr, gib mir dieses Wasser, damit ich keinen Durst mehr habe und nicht mehr hierher kommen muß, um zu schöpfen."
Jesus sprach: „Geh, ruf deinen Mann und komm wieder her!"
Die Frau antwortete: „Ich habe keinen Mann."
Und Jesus sagte zu ihr: „Nein, denn du hast fünf Männer gehabt, und der, den du jetzt hast, der ist nicht dein Mann."
Nun war die Frau vollends verwundert und sprach: „Du mußt ein Prophet sein, da du all das weißt! Bitte geh nicht fort, ich bin gleich zurück!" Und sie stellte ihren Krug ab und lief in den Ort, um die Leute herbeizuholen.
Didymus wandte sich an Jesus: „Herr, du erstaunst mich immer wieder aufs Neue! Nicht daß du im Gegensatz zu den Schriftgelehrten und Pharisäern mit Samaritern sprichst, nicht daß du im Gegensatz zu ihnen mit Frauen über Glaubensdinge redest, überrascht mich, denn ich kenne dich gut genug, um dies von dir zu erwarten. Auch nicht, daß du die Vergangenheit eines fremden Menschen errätst, setzt mich in Verwirrung, da ich dich noch weit größere Wunder wirken sah. Daß du aber beliebst, mit einer Hetäre in scherzendem Tonfall über deine himmlische Sendung zu sprechen, selbstverständlich ohne dabei die Würde und Heiligkeit dieser Sendung auch nur mit einer Silbe zu verraten, das, Herr, hätte ich tatsächlich nicht erwartet, und ich wünschte, ich könnte es dir gleich tun."
„Ich bin mir sicher, Thomas, du könntest es", erwiderte da der Herr. „Doch lege dir, wenn du zu den Menschen sprichst, die Worte nicht im voraus zurecht. Trage nur immer Gott im Herzen, und tue, was der Augenblick dir eingibt."
Während Jesus noch so sprach, kamen bereits die ersten Leute aus Sychar herbei, um ihn zu sehen. Und der Herr begann sich mit ihnen zu unterhalten.
Sie fragten ihn: „Unsere Väter haben auf diesem Berg, den du dort

siehst, Gott angebetet. Ihr sagt, in Jerusalem sei die Stätte, wo man anbeten muß. Wie sollen wir uns also verhalten?"
Und Jesus antwortete ihnen: „Glaubt mir, die Stunde kommt und sie ist schon da, in der ihr weder auf diesem Berg noch in Jerusalem, sondern vielmehr im Geist der Wahrheit Gott anbeten werdet."
Da sagte die Frau, die Didymus in seiner zugleich vornehmen wie auch unverschämten Art als Hetäre bezeichnet hatte: „Ich weiß, daß das geschehen wird, wenn der Messias kommt. Er wird uns alles verkünden."
Und Jesus erwiderte: „Du sagst es. Der Messias ist aber schon gekommen. Ich bin es. Ich, der mit dir spricht."
Wir waren sehr erstaunt, als wir Jesus so reden hörten, hatte er selber uns doch geboten, davon zu schweigen, daß er der Messias sei. Dann fiel uns ein, daß die Samariter keinen kriegerischen, sondern einen prophetischen Messias erwarteten, und wir verstanden, warum er sich ihnen zu erkennen gab.
Die Leute von Sychar luden den Herrn ein, bei ihnen zu bleiben, und er blieb dort zwei Tage. Und viele Samariter kamen zum Glauben an ihn. Die Frau aber war die erste, die unter ihnen Zeugnis für ihn abgelegt hatte.

XLVI

Als wir weiter zogen nach Judäa und nach Jericho kamen, lief dort ein junger Mann auf Jesus zu, fiel vor ihm auf die Knie und fragte ihn: „Herr, was muß ich tun, um in das Reich Gottes zu gelangen?"
Jesus antwortete ihm: „Du kennst doch die Gebote. Du sollst nicht töten, du sollst nicht die Ehe brechen, du sollst nicht stehlen, du sollst nicht lügen, ehre deinen Vater und deine Mutter."
Der Jüngling erwiderte: „Alle diese Gebote habe ich stets befolgt."
Da sah Jesus ihn liebevoll an und sagte: „Wenn du vollkommen sein willst, dann geh, verkaufe alles was du hast, gib das Geld den Armen und folge mir nach."
Als der junge Mann das hörte, war er sehr betrübt, denn er hatte einiges Vermögen. Und so ging er traurig weg.
Jesus wandte sich uns zu und sagte: „Wie schwer ist es für Menschen, die viel besitzen, das Reich Gottes anzunehmen. Eher werdet ihr es erleben, daß ein Kamel durch ein Nadelöhr geht, als daß ihr seht, wie

ein Reicher all seinen Besitz verschenkt. In dem Maß aber in dem ihr auf die Sicherheit vertraut, die ihr vom Geld erwartet, beraubt ihr euch der Möglichkeit, auf Gott zu vertrauen. Und wieviel Unrecht wird begangen, um Besitz zu schaffen und zu halten!"
Während Jesus noch so sprach, brachten viele der Leute aus Jericho ihre Kinder zu ihm, damit er ihnen die Hände auflege. Da wir aber an jenem Tag einen langen Weg zurückgelegt hatten und müde waren, wiesen einige der Jünger sie ab.
Als der Herr das sah, sagte er: „Laßt die Kinder zu mir kommen, hindert sie nicht daran! Denn Menschen wie ihnen gehört das Reich Gottes. Erinnert ihr euch daran, daß auch ihr einmal wart wie sie? Lernt von ihnen, wieder so zu werden! Nehmt die Gnade Gottes an, wie sie alles Gute annehmen, das man ihnen schenkt. Und so wenig wie sie sollt auch ihr euch um den morgigen Tag sorgen!"
Und er nahm die Kinder in seine Arme. Dann legte er ihnen die Hände auf und segnete sie.

XLVII

An jenem Abend kam ein Bote zu Jesus, der ihn schon seit einigen Tagen gesucht hatte. Er war von einer Frau namens Maria gesandt worden, die Jesus gemeinsam mit ihrem Bruder Lazarus lange Zeit in Galiläa gefolgt war. Als der Herr ihnen anvertraut hatte, daß er das Paschafest in Jerusalem feiern wollte, waren sie in ihre Heimatstadt Betanien unweit der heiligen Stadt vorangereist, um ihr Haus zu seinem Empfang vorzubereiten.
Der Bote berichtete uns nun, daß Lazarus sehr krank geworden sei, und daß seine Schwester den Herrn daher bitte, schnell zu kommen, ihn zu heilen.
Als Jesus dies hörte, sagte er: „Lazarus schläft. Ich werde am dritten Tag gehen, um ihn aufzuwecken."
Und einer von uns antwortete: „Herr, wenn er schläft, wird er sicherlich gesund werden. Aber sollten wir nicht dennoch schon morgen oder besser noch heute abend zu ihm gehen? Es sind kaum zehn Meilen."
Jesus erwiderte: „Diese Krankheit wird nicht zum Tode führen, sondern dient der Verherrlichung Gottes und der Verherrlichung des Menschensohns."

So blieben wir also auch noch den nächsten Tag in Jericho und brachen erst am dritten Tag nach Betanien auf.

XLVIII

Als wir Jericho verließen, folgte uns eine große Menschenmenge.
An der Straße saß ein blinder Bettler, der, als er hörte, daß viele Menschen vorbeigingen, fragte: „Was hat das zu bedeuten?“
Man sagte ihm: „Jesus von Nazareth geht vorüber.“
Da rief der Bettler: „Jesus, Sohn Davids, hab Erbarmen mit mir!“
Nun müßt ihr wissen, daß wir Juden erwarteten, daß der Messias ein Nachfahre des König Davids sein würde, und daß tatsächlich der Vater des Herrn, Josef, aus dem Geschlecht Davids stammte.
So geboten also wir Jünger, da wir vermeiden wollten, daß die Menschen anfingen, Jesus den Messias zu nennen, dem Bettler zu schweigen.
Er aber schrie noch lauter: „Sohn Davids, hab Erbarmen mit mir!“
Da blieb Jesus stehen, weil er Mitleid mit dem Mann hatte und sagte: „Ruft ihn her!“
Wir riefen den Blinden und sagten zu ihm: „Hab nur Mut! Steh auf! Er ruft dich!“
Und er warf seinen Mantel weg, sprang auf und lief auf Jesus zu.
Der Herr fragte ihn: „Was soll ich dir tun?“
Und der Blinde antwortete: „Herr, ich möchte wieder sehen können.“
Da sagte Jesus zu ihm: „Geh! Dein Glaube hat dir geholfen.“
Und im gleichen Augenblick geschah es, daß der Mann wieder sehen konnte! Er folgte Jesus auf seinem Weg und sollte bald darauf mit seinen geheilten Augen ein noch erstaunlicheres Wunder sehen als das, das sich an ihm vollzogen hatte.

IL

Als wir nach Betanien kamen, hörten wir, daß Lazarus gestorben war und bereits seit vier Tagen im Grab lag. Da waren wir sehr erschrocken und fragten: „Herr, wie konnte das geschehen?“
Er antwortete: „Sagte ich euch nicht, daß er schläft, ich ihn aber aufwecken werde?“

Da kam ihm Maria, die Schwester des Lazarus, entgegengelaufen, fiel ihm zu Füßen und sagte: „Herr, wärest du hiergewesen, dann wäre mein Bruder nicht gestorben.“
Als Jesus nun sah, wie sie weinte und wie auch die anderen Trauergäste weinten, die mit ihr gekommen waren, da wurde er sehr erschüttert. Und selber den Tränen nahe fragte er: „Wo habt ihr ihn bestattet?“
Sie antwortete: „Komm und sieh.“
Einige der Leute, die mit uns gekommen waren, sagten: „Wenn er diesem Blinden die Augen geöffnet hat, hätte er dann nicht auch verhindern können, daß Lazarus stirbt?“
Jesus ließ sich von Maria zum Grab führen. Es war eine Höhle, die mit einem Stein verschlossen war. Und er sprach: „Nehmt den Stein weg!“
Maria entgegnete ihm: „Herr, ich fürchte, er riecht schon. Denn es ist bereits der vierte Tag.“
Doch Jesus ließ den Stein vom Grab entfernen. Und er erhob seine Augen und sprach: „Vater, ich danke dir, daß du mich erhört hast.“
Nachdem er dies gesagt hatte, rief er mit lauter Stimme: „Lazarus, komm heraus!“
Und wirklich: Lazarus kam aus dem Grab, seine Hände und Füße mit Binden umwickelt und sein Gesicht mit einem Schweißtuch verhüllt.
Da löste Jesus ihm die Binden, nahm das Tuch hinweg und umarmte seinen Freund.
Die Menschen, die Zeugen dieses Wunders wurden, erschraken sehr und viele von ihnen kamen zum Glauben an Jesus.

L

„Lazarus schläft. Ich werde am dritten Tag gehen, um ihn aufzuwecken“, hatte Jesus in Jericho gesagt und so war es geschehen. Alle anderen, die den schlafenden Lazarus gesehen hatten, waren der Überzeugung gewesen, er sei tot, und so haben sie ihn bestattet.
Wie konnte Jesus von all dem schon in Jericho wissen? Warum wurde Lazarus erst durch seine Stimme und nur durch seine Stimme wieder ins Leben gerufen? Wie vermochte es Jesus, Blinde und Lahme, Taube und Stumme, den Aussätzigen, die blutflüssige Frau, das fast tot gemagerte Mädchen, den mondsüchtigen Knaben, die vermeintlich

Besessenen zu heilen? Woher kannte er die Vergangenheit der Frau aus Sychar, woher wußte er im voraus, wann und wie er selber sterben würde?
Schwestern und Brüder, ich kann euch diese Dinge nicht in der Weise erklären, wie ich euch den Weg von Kafarnaum nach Chorazim erklären könnte. Doch ich kann euch bezeugen, daß ich selber zugegen war, als sie sich ereigneten. Ich habe auch davon gehört, daß sich an anderen Orten und zu anderen Zeiten schon Ähnliches begeben hat. Von den Propheten Israels, von den Ärzten Griechenlands und den Magiern Asiens werden uns ebenfalls Heilungen und Prophezeiungen überliefert, ähnlich denen, die ich euch von Jesus berichten konnte. Und wahrscheinlich wißt ihr auch dort, wo ihr lebt, von dem einen oder anderen Ereignis zu erzählen, das euch unerklärlich ist, das aber dennoch stattgefunden hat.
Ich denke, daß wir Didymus recht geben müssen, der sagte, daß nichts, was in dieser Welt geschieht, gegen die Gesetze verstößt, die Gott seiner Schöpfung gegeben hat. Uns sind nur einige dieser Gesetze bekannt, andere verborgen. Manches das geschieht, geschieht nur selten, und wir wissen nicht, wodurch es geschieht. Doch das Seltene ist ebenso wahr wie das Häufige, ja für gewöhnlich gilt es uns als ungleich kostbarer.
Wenn ihr etwa im Erdreich grabt und bergeweise Sand und Gestein aushebt, ihr dann aber auf einen Diamanten stoßt, so erscheint euch dieser Diamant sicherlich nicht als unwahr, nur weil er selten ist.
Die Wunder, die Jesus gewirkt hat, die Wunder, die wir in seiner Nachfolge wirkten und wirken, wie auch jene Wunder, die sich anderenorts ereignen, erscheinen mir in vielerlei Hinsicht wie Diamanten, so selten, so schön und so kostbar sind sie.
Jesus hat uns gelehrt, daß der Glaube an das Gute und Wahre wie auch an die Möglichkeit des Unerwarteten von entscheidender Bedeutung ist, damit ein solches Wunder sich ereignen kann. Doch nicht jeder, der glaubt, wird die gleichen Wunder erleben, die wir erlebt haben, wie auch nicht jeder, der gräbt, einen Diamanten findet. Der Sinn des Glaubens liegt auch nicht darin, etwas Seltenes, sondern die Erlösung zu suchen. Nicht jeder Mensch kann einen Diamanten, doch ganz und gar jeder kann die Erlösung finden. Und dies macht uns die Erlösung um so kostbarer. Denn von Gott lernen wir, eine Sache nicht deshalb

zu schätzen, weil sie selten ist und glänzend, sondern weil sie heilsam ist und gut.
Die Wunder, die Jesus gewirkt hat, besitzen zeichenhafte Bedeutung. Deshalb habe ich sie euch nicht verschwiegen, wenn ich auch weiß, daß es vielen schwer fällt, an solche Wunder zu glauben. Mancher wird sich darüber hinaus fragen, wie es denn sein kann, daß diese Ereignisse zeichenhafte Bedeutung für die Sendung Jesu haben sollen, wenn sich ähnliches auch anderenorts begeben hat. Nun, so bedenkt, daß Jesus gekommen ist, um von der Wahrheit zu zeugen. Gott hat den Menschen jedoch die Wahrheit zu allen Zeiten offenbart, wenn sie sie auch nur unvollkommen erkannten. In Christus ist die Wahrheit Gottes Mensch geworden. So wird uns in ihm alles, was sonst nur unvollkommen erkennbar ist, ganz und gar offenbar. Und daher werden uns auch seine Wunder, deutlicher noch als andere Wunder, zu Zeichen der Liebe Gottes.
Die Auferweckung des Lazarus war die Auferweckung eines Totgeglaubten. Dadurch ist sie ein Zeichen geworden für alle, denen es ähnlich ergeht wie ihm, für alle, die schon lange als abgeschrieben und begraben gelten, für alle, auf die noch nicht einmal jene, die sie lieben, noch Hoffnung setzen. Für jene Totgeglaubten soll diese Auferweckung als Zeichen dienen, daß Christus, wenn er auch fern erscheint, weiß, daß sie noch leben. Wenn sie nur seinem Ruf folgen, wird er sie wieder aus ihrer Gruft auferstehen lassen. Er selber wird ihnen dann die Fesseln lösen, er selber wird von ihrem Gesicht den Schleier des Todes nehmen und sie in seine Arme schließen.
Durch Christus lernen wir es auch, zu sehen und zu gehen, zu hören und zu sprechen. Durch ihn überwinden wir das Gefühl der Unansehnlichkeit, der Minderwertigkeit, das Gefühl, nicht wir selbst sein zu dürfen, das Gefühl der Niedergeworfenheit und Verkrampfung, das Gefühl besessen zu sein und uns nicht selber zu gehören. Christus kennt unsere Vergangenheit wie auch unsere Gegenwart und er hält eine Zukunft für uns bereit.
All dies bezeugen seine Wunder wie auch seine Predigt. Wie hätte ich zu euch von ihm sprechen sollen, ohne auch seine Wunder zu berichten? Denn der eine kommt zum Glauben aufgrund der Worte, der andere aufgrund der Zeichen. Selig aber ist jeder, der glaubt. Denn im Glauben finden wir die Erlösung.

LI

Die Menschen, die uns von Jericho aus nach Betanien begleitet hatten, kehrten, bevor es Abend wurde, in ihre Stadt zurück. Auch die Trauergäste, deren Trauer auf so wunderbare Weise beendet worden war, kehrten heim. Die meisten der Jünger, die mit dem Herrn aus Galiläa gekommen waren, suchten sich in Betanien oder Jerusalem einen Ort, wo sie bleiben konnten, während Jesus mit uns, den Aposteln, mit Maria Magdalena und einigen anderen der vertrautesten Männer und Frauen bei Lazarus zu Gast war. Dort blieben wir auch während der nächsten Tage, an denen wir täglich nach Jerusalem gingen.

Die andere Schwester des Lazarus, Marta, die wir zuvor noch nicht gekannt hatten, bewirtete uns an diesem Abend und sorgte für unser aller Wohl. Maria hatte sich mit der Maria aus Magdala dem Herrn zu Füßen gesetzt und hörte seinen Worten zu.

Bald kam nun Marta zu Jesus und sagte: „Herr, kümmert es dich nicht, daß meine Schwester die ganze Arbeit mir allein überläßt? Sag ihr doch, sie soll mir helfen!"

Jesus antwortete ihr: „Marta, Marta, du machst dir viele Sorgen und Mühen, aber nur eines ist notwendig. Maria hat das Bessere gewählt. Das soll ihr nicht genommen werden."

Als der Abend sich dem Ende nahte, sprach der Herr noch einmal von dem, was er in Jerusalem würde erleiden müssen: „Der Menschensohn wird an die Priester und Schriftgelehrten verraten werden. Sie werden ihn zum Tode verurteilen und den Heiden ausliefern. Er wird verspottet, angespuckt, gegeißelt und getötet werden.

Meine Seele ist tief erschüttert. Aber soll ich denn den Vater bitten, daß er mich aus dieser Stunde errettet? Bin ich denn nicht gekommen, um diese Stunde zu erleiden?

Am dritten Tage werde ich von den Toten auferstehen, doch zuvor werde ich durch mein Martyrium verherrlicht werden. Denn wenn das Weizenkorn nicht in die Erde fällt und stirbt, bleibt es allein. Wenn es aber stirbt, so bringt es reiche Frucht.

Glaubt also an mich. Denn wer an mich glaubt, der glaubt an den, der mich gesandt hat."

Und da Jesus abermals in diesen Worten über sein Ende zu uns gesprochen hatte, fragten wir ihn: „Herr, du hast vor uns bekannt, daß du der Messias bist und der Menschensohn. Zu unserem großen Schrecken sprichst du davon, daß du wirst leiden und sterben müssen. So fragen wir uns nun, wie verhält es sich dann mit dem Gericht, das Johannes verkündigt hat? Wird es denn nicht durch dich kommen?"
Da antwortete Jesus: „Solange bin ich schon bei euch und ihr habt immer noch nicht verstanden? Was glaubt ihr denn, was das Gericht sei? Ich bin das Wort Gottes, das in die Welt gekommen ist. Wer an dieses Wort glaubt und ihm folgt, der ist gerettet, da es das Wort der Erlösung ist. Wer aber nicht an mich glaubt und meine Worte nicht befolgt, der ist dadurch gerichtet, daß er die Erlösung von sich weist."
„Was aber wird am Ende der Zeiten sein? Wann wird dieses Ende kommen?" wollte da einer wissen.
Und Jesus sprach: „Was kümmert ihr euch um Zeiten und Fristen? Die Schöpfung wird so lange währen, wie Gott es ihr gegeben hat. Über euch und eure Kinder und Kindeskinder werden noch Kriege und Hungersnöte kommen. Ein Volk wird sich gegen das andere erheben und ein Reich gegen das andere. Schwere Beben werden die Erde erschüttern, und ihr werdet Nöte sehen, wie die Welt sie noch nie gekannt hat. Doch all dies ist noch nicht das Ende. Denn die Zeit wird kommen, da sich die Sonne verfinstern und der Mond nicht mehr scheinen wird. Dann werden die Sterne niederstürzen, und die Kräfte des Himmels werden erschüttert werden.
Doch selbst wenn Himmel und Erde vergehen, so bleiben meine Worte bestehen. Ich alleine bin Gericht und Rettung. Ich bin der gute Hirte, der euch in das Reich des Vaters führt. Laßt euch also nicht von falschen Propheten und Erlösern irreführen, selbst wenn sie vorgeben, in meinem Namen zu euch zu sprechen. Seid vielmehr wachsam und betet. Denn das Ende wird kommen, wenn es kommt. Sorgt ihr euch nicht um den Tag oder die Stunde, sondern um das Heil der Seelen. Dann werdet ihr mit dem Menschensohn in das Reich des Vaters gelangen und mit ihm die Vollendung schauen."

LII

Als wir am nächsten Tag die anderthalb Meilen von Betanien nach

Jerusalem gingen und den Ölberg unweit der Stadtmauer erreicht hatten, da sagte Jesus zu Zweien von uns: „Geht in das Dorf dort vorne. Wenn ihr hineinkommt, werdet ihr einen jungen Esel angebunden finden, auf dem noch nie ein Mensch gesessen hat. Bindet ihn los und bringt ihn her! Und wenn jemand euch fragt, was ihr da tut, dann antwortet, daß ich den Esel brauche und bald wieder zurückbringen lasse."
Da gingen die beiden los und fanden das Tier angebunden, wie Jesus gesagt hatte. Sie banden es los und machten sich mit ihm auf den Weg. Als man sie fragte, wie sie dazu kämen, antworteten sie so, wie der Herr es ihnen aufgetragen hatte, und man ließ sie gewähren.
So brachten sie den jungen Esel zu Jesus und legten ihre Obergewänder auf das Tier. Und der Herr saß auf und ritt nach Jerusalem.
Johannes aber zitierte das Wort des Propheten Sacharja:

„Jubele laut Tochter Zion! Jauchze Tochter Jerusalem!
Siehe dein König kommt zu dir! Er ist gerecht und hilft.
Er ist demütig und reitet auf einem Esel,
einem Fohlen, dem Jungen einer Eselin.
Er verkündet den Völkern den Frieden.
Seine Herrschaft reicht bis an die Enden der Erde.
Wie groß sind seine Schätze! Wie herrlich ist seine Schönheit!"

Und da er dies sagte, und wir uns mit Jesus in unserer Mitte der heiligen Stadt näherten, wurden wir alle von überschäumender Freude erfüllt. So breiteten wir unsere Kleider vor dem Herrn aus, rissen Zweige von den blühenden Büschen und streuten sie auf seinen Weg. Auch viele der Pilger, die in diesen Tagen vor dem Fest in Jerusalem ein- und ausgingen, schnitten, als sie Jesus erkannten und als sie sahen was wir taten, Palmzweige von den Bäumen und winkten dem Herrn damit zu. Und sie stimmten in unseren Ruf mit ein: „Hosanna - bring Hilfe! Gesegnet sei, der da kommt im Namen Gottes!"
Da Jesus so durch das Goldene Tor einritt, fragten die Leute, die ihn nicht kannten, verwundert über die Aufregung: „Wer ist dieser Mann?"
Und man antwortete ihnen: „Das ist der Prophet Jesus aus Nazareth in Galiläa!"
Die Pharisäer aber, die sahen, mit welcher Begeisterung wir dem Herrn huldigten, riefen ihm empört zu: „Bring deine Jünger zum Schweigen!"

Doch Jesus antwortete ihnen: „Wenn sie schweigen, werden die Steine singen!"
Und so zog er zum Tempel und ging hinein.

LIII

Das Allerheiligste des jüdischen Tempels ist ein leerer, fensterloser Raum. In ihm wurde früher die Bundeslade, das sichtbare Zeichen der Gegenwart Gottes unter seinem Volk, aufbewahrt. Sie ging jedoch bei der Zerstörung des ersten Tempels durch die Babylonier verloren.
Dieser Raum darf nur einmal im Jahr, am großen Versöhnungstag, von einem einzigen Menschen, nämlich dem Hohepriester, betreten werden. Er besprengt dann den Stein, auf dem einst die Lade gestanden hat, mit dem Blut eines Opfertieres, das für die Sünden des ganzen Volkes dargebracht wurde. Und er flüstert dabei den Namen des Einzigen und Höchsten, der von den Juden ansonsten aus Ehrfurcht nie ausgesprochen wird.
Das Allerheiligste wird den Blicken der Gläubigen durch einen dichten Vorhang entzogen.
Vor dem Tempel steht der große Brandopferaltar und beide sind umgeben von einem Hof, den nur jüdische Männer betreten dürfen. Vor diesem befindet sich der Hof für die jüdischen Frauen und das alles ist noch einmal umgeben von einem weiteren, sehr großen Hof, den auch die Heiden betreten dürfen.
Diese Gebäude und Wandelgänge, allesamt prächtig anzuschauen und von erhabener Größe, werden in ihrer Gesamtheit ebenfalls Tempel genannt.
Als nun Jesus mit uns dort eintrat, sah er mit großem Unwillen auf die Tische der Händler und Wechsler. Sie hatten mit Erlaubnis der Sadduzäer ihre Stände auf dem Vorhof der Heiden aufgeschlagen, verkauften dort Opfertiere und tauschten alles Geld gegen die einzige im Tempel gültige tyrische Währung. Da vor dem Paschafest tausende Pilger aus ganz Israel, ja aus der ganzen Welt, zusammenkamen, herrschte in den Mauern des Gotteshauses eine Geschäftigkeit und ein Lärm wie auf einem Marktplatz.
Natürlich war weder uns noch Jesus das alles neu, da es ja jedes Jahr dasselbe war. Doch hatte der Herr diesen Tag und diesen Ort gewählt,

seinen Gegnern den Vorwand zu liefern, nach dem sie schon so lange suchten, um ihn umzubringen.
So stellte er sich also an eine der belebtesten Stellen des Heidenvorhofes und sprach mit lauter Stimme: „Laßt mich euch an die Worte des Propheten Jeremias erinnern, der im Namen Gottes gesprochen hat: ‚Nur wenn ihr euer Verhalten und euer Tun von Grund auf bessert, wenn ihr gerecht entscheidet im Rechtsstreit, wenn ihr die Fremden, die Witwen, die Waisen nicht unterdrückt, wenn ihr kein unschuldiges Blut vergießt und keine Götzen anbetet, nur dann will ich bei euch in diesem Tempel wohnen.'
Ihr Schriftgelehrten und Pharisäer, kennt ihr diese Worte nicht? Warum lebt und lehrt ihr sie dann nicht, sondern macht vielmehr Gesetze zu euren Götzen?
Und ihr Sadduzäer, Priester eures Volkes, kennt ihr denn nicht die Worte des Allmächtigen: ‚Ich habe euren Väter, als ich sie aus Ägypten herausführte, nichts gesagt und nichts befohlen, was Brand- und Schlachtopfer betrifft. Vielmehr gab ich euch das Gebot, auf meine Stimme zu achten.'
Ihr aber habt aus seinem Haus eine Räuberhöhle gemacht!“
Da gerieten jene unter den Zuhörern, die selber zu den Schriftgelehrten und Sadduzäern gehörten, in große Wut.
Jesus fuhr fort, sie anzuklagen: „Ihr seid auf nichts als auf Macht und Gewinn aus und scheut euch nicht, dafür Gott und die Menschen zu betrügen! Ihr solltet euch in Grund und Boden schämen, doch wißt ihr ja noch nicht einmal, was Scham bedeutet! Ich aber sage euch: Reißt diesen Tempel nieder, den ihr entweiht habt! In drei Tagen werde ich ihn wieder aufrichten!“
Nachdem er so zu ihnen gesprochen hatte, stieß er einige der Händler- und Wechslertische um und verließ den Tempel.

LIV

Noch am Abend nach diesen Vorfällen tagte das Synhedrium, der Hohe Rat der Juden, um zu beraten, was mit Jesus geschehen sollte. Sie waren siebzig Männer, allesamt Schriftgelehrte oder Sadduzäer, und der Hohepriester stand ihnen vor. Zu dieser Zeit bekleidete Kaiaphas, Schwiegersohn des Hannas, dieses Amt.

Die Schriftgelehrten hatten in der Vergangenheit schon des öfteren über Jesus beratschlagen wollen, weil sie durch die Nachrichten, die sie aus Galiläa erhalten, sehr beunruhigt worden waren. Die Sadduzäer hatten sich jedoch bislang nicht dafür interessiert, da Galiläa einige Tagereisen von Jerusalem entfernt lag, und sie ihre Stellung durch die Verkündigung Jesu nicht gefährdet sahen. Nun aber, da der Herr öffentlich, ja im Tempel gegen sie gepredigt hatte, war er auch für sie zu einem Problem geworden.
Zwei der Diener des Hohen Rates haben sich später zu Christus bekehrt und von ihnen wissen wir, was dort beratschlagt worden ist.
Die Schriftgelehrten sprachen: „Was sollen wir tun? Dieser Mensch achtet das Gesetz nicht! Doch er tut viele Zeichen und manche der Ungebildeten folgen ihm. Wenn wir ihn gewähren lassen, werden es immer mehr! Sie aber mißachten uns und kennen keine Ordnung!“
Und die Sadduzäer fügten hinzu: „Wir sind, was wir sind, durch die Ehrfurcht des Volkes und die Duldung der Römer. Verlieren wir das eine, wird uns auch das andere genommen werden. Das können wir nicht geschehen lassen!“
Und Kaiaphas, der kein Mann des Buchstabens, sondern ein Machtmensch war, sprach zu den Schriftgelehrten: „Ihr hättet ihn in Galiläa steinigen sollen!“
Einer von ihnen entgegnete: „Es ist schwer, ihm beizukommen. Egal welchen Gesetzesbruch er begeht, hält man ihn ihm vor, so läßt er es aussehen, als wäre der Ankläger der Sünder und nicht er.“
Doch Kaiaphas wollte wissen: „Was führt ihr auch Streitgespräche, anstatt zu handeln? Jetzt ist es fast schon zu spät. Nachdem er so viel Ansehen gewonnen und uns vor dem Volk bloß gestellt hat, schaden wir uns nur, wenn wir ihn steinigen. Außerdem sind zu viele Römer in der Stadt. Am Ende sind wir es dann noch, die bestraft werden. Nein, wir müssen es anders anfangen. Anstatt den Zorn der Römer auf uns zu ziehen, werden wir ihn auf Jesus leiten. Sollen die ihn uns vom Hals schaffen.“
„Wie sollen wir das anfangen?“, wurde der Hohepriester da gefragt.
Und er antwortete: „Ist der Galiläer heute nicht wie ein Messias in die Stadt gezogen? Wir werden ihn Pilatus als einen Unruhestifter, als einen Umstürzler ausliefern. ‚Es ist besser, daß du einen von uns hinrichtest,‘ werden wir ihm sagen, ‚als daß am Ende noch das ganze Volk

seinetwegen leiden muß.' Überlaßt es nur mir, mit dem Statthalter zu reden, und sorgt ihr dafür, daß der Galiläer in unsere Hände gelangt! Aber nicht vor dem Fest, damit es keinen Aufruhr im Volk gibt! Findet heraus, wo er sich aufhält, damit wir ihn zu gegebener Zeit ergreifen können!"

Und damit hob Kaiaphas die Sitzung des Hohen Rates auf.

Da Jesus auch in den kommenden Tagen im Tempel predigte und weiter im Hause des Mannes lebte, den er, wie alle wußten, auferweckt hatte, war es für jeden, der ihn suchte, leicht ihn zu finden.

LV

Während einer der nächsten Tage traf Jesus in Jerusalem den Mann, den er in Galiläa vom Aussatz geheilt hatte. Sein Name war Simon und er freute sich sehr, den Herrn wiederzusehen. Er lud ihn zum Mahl ein nach Betanien, wo auch er Wohnung genommen hatte. Und Jesus, der es ihm nicht verübelte, daß er entgegen seiner Weisung die Kunde von seiner Heilung überall weiterverbreitet hatte, nahm die Einladung an.

Während wir nun bei Simon zu Tisch lagen, nahm Maria, die Schwester des Lazarus, ein Pfund echtes kostbares Nardenöl, salbte Jesus die Füße und trocknete sie mit ihrem Haar. Das ganze Haus wurde vom herrlichen Duft des Öls erfüllt.

Judas, als er sah, was Maria tat, sagte unwillig: „Warum läßt du diese Verschwendung zu, Herr? Weißt du, wie kostbar dieses Öl ist? Und gleich ein ganzes Pfund davon! Man hätte es teuer verkaufen und das Geld den Armen geben können!" Und er machte Maria heftige Vorwürfe.

Jesus aber sagte: „Hör auf! Laß sie in Ruhe! Sie hat ein gutes Werk an mir getan. Die Armen habt ihr immer bei euch und ihr könnt ihnen Gutes tun, so oft ihr wollt. Mich habt ihr nicht immer. Sie hat getan, was sie konnte. Sie hat meinen Leib für das Begräbnis gesalbt. Ich sage euch: Überall auf der Welt, wo das Evangelium verkündet wird, wird man sich an sie erinnern und erzählen, was sie getan hat."

Da verließ Judas wütend das Haus. Ich glaube, es war an diesem Abend, an dem er zu den Hohenpriestern ging, Jesus zu verraten.

LVI

Viele Menschen, die an Christus glauben, haben sich darüber Gedanken gemacht, warum Judas ihn verraten hat. Manche sagen, er habe es des Geldes wegen getan, das man ihm dafür gegeben hat, doch das denke ich nicht.

Solange Judas bei uns war, hat er darauf gehofft, Jesus würde sich mit den Pharisäern und den anderen Vornehmen des Volkes aussöhnen. Er hoffte, der Herr würde sich mit ihnen auf ihre Diskussionen einlassen, sie würden hier und da von ihm Belehrung annehmen und er würde ihnen dafür an anderer Stelle nachgeben. Ich habe mich oft gefragt, wie ein Mensch so blind sein konnte, und ob diese Form von Blindheit nur Dummheit, oder ob sie nicht vielmehr Bosheit war.

Wie dem aber auch sei, als Judas zu Kaiaphas ging, wußte er wahrscheinlich so wenig wie wir, daß dieser bereits beschlossen hatte, den Herrn töten zu lassen. Ebenso wie wir mußte er aber durchaus wissen, daß vom Hohen Rat Gefahr ausging, zumal Jesus oft genug davon gesprochen hatte, daß er von den Schriftgelehrten und Sadduzäern dem Tode überantwortet werden würde. Vielleicht machte der Verräter sich in seiner Verstocktheit ja vor, wenn er dem Hohen Rat helfen werde, Jesus festzunehmen, würde man dort mit dem Herrn ein Streitgespräch führen. Doch hätte er wissen müssen, daß alles andere wahrscheinlicher war.

Er aber ging hin und ließ Kaiaphas wissen, daß er bereit war, ihm Jesus auszuliefern. Kaiaphas und die anderen freuten sich darüber sehr und versprachen Judas dreißig Silberlinge für diese Information, obwohl er sie ihnen wahrscheinlich auch umsonst gegeben hätte.

Nun konnte der Hohepriester also sicher sein, daß er Jesus nach dem Paschafest, wenn er ihn suchte, auch finden würde.

LVII

Als nun der Tag der ungesäuerten Brote gekommen war, an dem die Paschalämmer geschlachtet und während eines abendlichen Festmahls gegessen wurden, da fragten wir den Herrn: „Wo sollen wir das Paschamahl bereiten?“

Er schickte zwei von uns nach Jerusalem und sagte zu ihnen: „Geht in die Stadt. Dort wird euch ein Mann begegnen, der einen Wasserkrug trägt. Folgt ihm, bis er in ein Haus hineingeht. Dann sagt zu dem Herrn des Hauses, ich ließe ihn fragen, wo der Raum sei, in dem ich mit meinen Jüngern das Paschalamm essen kann. Und der Hausherr wird euch einen großen Raum im Obergeschoß zeigen, der schon für das Festmahl hergerichtet und mit Polstern ausgestattet ist. Dort bereitet alles für uns vor!"
So machten die beiden sich auf den Weg und kamen in die Stadt. Sie fanden alles, wie der Herr es ihnen gesagt hatte, und bereiteten das Mahl vor.
Als es nun Abend wurde, ging Jesus mit uns Zwölfen, mit den Frauen und einigen weiteren Jüngern dorthin, um Pascha zu feiern. An diesem Tag erinnern wir Juden uns daran, wie Gott unsere Vorväter durch Moses, den er ihnen zum Anführer gegeben, aus der Knechtschaft Ägyptens befreit hatte.
Während wir uns alle bereits zu Tisch gelegt, begann Jesus zu unser aller Erstaunen, einem jeden von uns die Füße zu waschen und mit einem Leinentuch trockenzureiben! Diese Arbeit war normalerweise einer der niedersten Dienste, die Knechte oder Sklaven für ihre Herren und deren Gäste zu verrichten hatten.
Deshalb sagte ich auch zu Jesus, als er zu mir kam: „Du Herr, willst mir die Füße waschen? Das soll nicht sein!"
Er aber erwiderte mir: „Wenn ich dich nicht wasche, so hast du keinen Anteil an mir."
Und da er so zu mir sprach, bat ich: „Dann Herr, wasch nicht nur meine Füße, sondern auch meine Hände und mein Haupt!"
Er sagte: „Wer vom Bad kommt, ist ganz rein und braucht sich nur noch die Füße zu waschen. Auch ihr, die ihr auf meine Worte hört und sie befolgt, seid rein. Empfangt aber diese Geste der Demut von mir. Sie soll euch daran erinnern, daß derjenige der Größte unter euch ist, der sich zum Diener aller macht."
So fuhr er also fort, einem jeden von uns die Füße zu waschen. Danach reinigte er sich selber und nahm in unserer Mitte Platz.
Während wir aßen, sprach er: „Einer von euch wird mich verraten."
Und wie ängstlich und unsicher wir uns in jenen Tagen fühlten, da wir den gewaltsamen Tod des Herrn befürchten mußten, mögt ihr daran

erkennen, daß wir ihn einer nach dem anderen fragten: „Doch nicht etwa ich?“
Und Jesus antwortete: „Es ist einer von den Zwölfen. Der, dem ich diesen Bissen Brot, den ich in Wein eintunke, gebe, der ist es.“
Und er tunkte das Stück Brot, das er in Händen hielt, in Wein und reichte es dem Judas. Der zögerte einen Moment es zu nehmen und Schweiß trat auf seine Stirn. Dann jedoch riß er es dem Herrn aus der Hand und schlang es böse hinunter.
Und Jesus sagte zu ihm: „Was du tun willst, tue bald.“
Da sprang der Verräter auf und verließ den Raum.
Niemand von uns wußte, was das alles zu bedeuten hatte. Doch während wir noch schreckensbleich dasaßen, sprach Jesus zu uns: „Ihr alle werdet heute Nacht an mir verzweifeln und mich im Stich lassen.“
Da fuhr es aus mir heraus: „Herr, wenn alle dich verließen, ich würde es nicht tun! Eher möchte ich sterben!“
Doch Jesus entgegnete mir: „Noch heute Nacht, bevor der Hahn am Morgen kräht, wirst du dreimal geleugnet haben, mich zu kennen!“
Ich aber war mir meiner völlig sicher, als ich zu ihm sprach: „Nein Herr, das wird niemals geschehen!“
Und auch alle anderen Jünger sagten, sie würden eher sterben, als den Herrn zu verlassen.
Die Frauen schwiegen.
Und Jesus sprach zu uns: „Was immer auch geschehen mag, euer Herz lasse sich nicht verwirren! Glaubt an Gott und glaubt an mich! Die Worte, die ich zu euch gesagt, habe ich vom Vater empfangen. Er ist in mir und ich bin in ihm. Bald werde ich zu ihm heimkehren, euch aber werde ich unseren Geist senden. Es ist der Geist der Wahrheit. Er wird bei euch bleiben und in euch wohnen. Er wird euch alles lehren und euch an alles erinnern, was ich euch gesagt habe. So wie der Menschensohn aus dem Vater geboren ist vor aller Zeit, so ist auch der Geist aus uns hervorgegangen. Vater, Sohn und Geist sind eins.
Wenn ich nun bald von euch gehe, so hinterlasse ich euch meinen Frieden. Es ist kein Friede, wie die Welt ihn gibt, sondern wie nur die ihn erfahren, die an meine Frohe Botschaft glauben. Verkündet also das Evangelium, damit immer mehr Menschen zum Glauben kommen und Frieden finden.
Erinnert euch daran, wie ich euch aussandte ohne Geld, ohne

Vorratstasche, ohne zweiten Mantel oder ein zweites Paar Schuhe. Und ihr habt keine Not gelitten. Es werden aber Zeiten kommen, da ihr euren Geldbeutel besser mitnehmt und auch eure Vorratstasche. Ja, wer in diesen Zeiten kein Geld hat, der sollte seinen Mantel gegen ein Schwert eintauschen. Denn ein jedes Ding hat seine Zeit. Laßt euch zu allen Zeiten von der Liebe zu Gott und dem Nächsten leiten, so werdet ihr das Rechte finden. Sucht die Gemeinschaft untereinander. Denn wer alleine geht und sich verirrt, wer sollte ihn zurückführen?"

Nachdem Jesus uns so gelehrt hatte, nahm er Brot und sprach den Lobpreis.

Dann brach er das Brot, reichte es uns und sagte:

„Nehmt und eßt alle davon. Das ist mein Leib, der für euch hingegeben wird."

Da er in letzter Zeit schon so oft davon gesprochen hatte, daß er würde sterben müssen, daß aber sein Tod unserer Erlösung dienen sollte, erahnten wir, was diese Worte bedeuteten. Und ehrfurchtsvoll aßen wir das Brot, das er uns gegeben.

Dann nahm er den Kelch, sprach auch über ihn das Dankgebet und reichte ihn uns, damit wir der Reihe nach daraus tränken. Und er sprach:

„Nehmt und trinkt alle daraus. Das ist mein Blut, das für euch alle vergossen wird zur Vergebung der Sünden."

Und da wir noch das Brot aßen und den Wein tranken sagte der Herr:

„Tut dies zu meinem Gedächtnis."

Als der Kelch in seine Hände zurückgekehrt war, sprach er: „Ich werde nicht mehr von der Frucht des Weinstocks trinken bis zu dem Tag, da ich zum Vater heimgekehrt bin."

Dann betete er den Lobgesang und hob wenig später das Mahl auf. Er verabschiedete sich von den Jüngern und den Frauen, die alle sehr weinten, und ging nur mit uns Elfen, die von den ehemals zwölf Aposteln übrig geblieben waren, hinaus zum Ölberg in den Garten Getsemani.

LVIII

Auf dem Weg zum Ölberg war mir einmal, als würde ich Judas hinter uns sehen, der uns nachschlich, um herauszufinden, wohin wir gingen.

Doch was sollte ich tun? Was konnte überhaupt noch getan werden? Jesus war davon überzeugt, in den nächsten Stunden gefaßt und hingerichtet zu werden und er wollte dieses Schicksal auf sich nehmen. Was aber sollte aus uns werden, wenn das geschah?
Er hatte davon gesprochen, daß wir sein Evangelium verkünden sollten und gleichzeitig jedem von uns gesagt, daß wir ihn alle im Stich lassen würden. In meinem Kopf ging es zu, als tobte ein Seesturm in ihm. Und dort vor mir ging Jesus und schien zu mir zu sagen: „Du Kleinmütiger, warum zweifelst du?"
Wie sollte ich nicht zweifeln, Herr, wenn du mich verläßt?
Als wir in Getsemani angekommen waren, sprach er zu acht von uns: „Setzt euch und wartet, während ich bete."
Jakobus, Johannes und mich nahm er mit sich.
Als wir uns etwa ein halbes Stadion von den anderen entfernt hatten, sahen wir, daß auch Jesus nun von großer Furcht und Angst erfüllt war. Und er sagte zu uns: „Meine Seele ist zu Tode betrübt. Bleibt hier und wacht!"
Dann ging er allein ein Stück weiter, warf sich auf die Erde und betete. Und ich hörte, wie sich ihm die Worte entrangen: „Vater, dir ist alles möglich. Ich bitte dich, nimm diesen Kelch von mir!"
Und da ich ihn so beten hörte, schöpfte ich Hoffnung. Dann aber sprach er weiter: „Doch nicht was ich will, sondern was du willst, geschehe!"
Und er betete in seiner Angst noch inständiger und sein Schweiß war wie Blut, das zur Erde tropfte.

Das nächste, woran ich mich erinnere, ist, wie Jesus mich, Jakobus und Johannes aufweckte, da wir eingeschlafen waren. Die Angst war nun ganz von ihm gewichen und er sprach zu uns: „Konntet ihr nicht einmal eine Stunde wachbleiben? Euer Geist ist willig, aber euer Fleisch ist schwach. Seht, der Verräter ist da! Jetzt wird der Menschensohn den Sündern ausgeliefert!"
Und wir schauten auf und sahen eine Schar von Männern, die mit Schwertern und Knüppeln bewaffnet waren. Sie hatten die acht Jünger ergriffen und fragten Judas, der bei ihnen war, wer von diesen Jesus sei. Da aber erblickte Judas uns und kam mit den Männern, die die anderen Jünger laufen ließen, auf uns zugerannt.

Jesus rührte sich nicht, da sie kamen, ihn zu verhaften. Und so blieben auch wir stehen.
Als die Knechte des Hohepriesters uns vieren nun gegenüberstanden, wußten sie nicht, wen sie verhaften sollten. Da ging Judas auf Jesus zu, küßte ihn und sprach: „Herr!“
Er fragte ihn: „Mit einem Kuß verrätst du den Menschensohn?“
Und die Knechte ergriffen ihn.
Ich fragte, bereit für ihn zu kämpfen: „Herr, ist nun die Zeit des Schwertes gekommen?“
Er jedoch erwiderte: „Soll ich den Kelch, den der Vater mir gegeben hat, etwa nicht trinken?“ Und zu den Knechten des Hohepriesters sprach er: „Tag für Tag war ich im Tempel und lehrte. Da habt ihr mich nicht verhaftet. Warum zieht ihr bei Nacht mit Knüppeln und Schwertern gegen mich aus? Wahrhaftig, ihr liebt die Finsternis mehr als das Licht!“
Sie führten ihn ab und stießen uns zurück. Mich trafen sie am Kopf und ich sank ohnmächtig nieder.
Nach einer kurzen Weile erwachte ich wieder und wurde von Jakobus und Johannes aufgerichtet. Völlig gebrochen und ohne jede Hoffnung sagten sie: „Es ist vorbei.“
Doch ich schrie: „Nein, es kann nicht vorbei sein! Wo wollt ihr hingehen ohne ihn?“
Und so ließ ich sie stehen und lief den Männern, die den Herrn verhaftet hatten, nach, um zu sehen, wohin sie ihn brachten.

LIX

Sie führten Jesus zum Palast des Hohepriesters Kaiaphas. Dort hatten sich einige der Schriftgelehrten und Sadduzäer versammelt, um ihn zu verhören, bevor sie ihn Pilatus auslieferten. Auch der Schwiegervater des Kaiaphas, Hannas, der selber lange Zeit Hohepriester gewesen, war zugegen.
Ich ging in den Hof des Palastes und setzte mich dort zu den Dienern, die sich am Feuer wärmten.
Drinnen aber fragte man Jesus, ob er dieses oder jenes getan oder gesagt hätte.
Er sagte: „Ich habe offen vor aller Welt gesprochen. Ich habe in den

Synagogen und im Tempel gelehrt, wo jeder mich hören konnte. Warum fragt ihr also mich und nicht jene, die mich gehört haben?"
Da schlug ihn einer der Knechte ins Gesicht.
Der Hohepriester befragte nun zum Schein einige der Schriftgelehrten, die Jesus im Tempel hatten reden hören, doch selbst ihre zuvor abgesprochenen Aussagen widersprachen sich noch.
So wandte sich Kaiaphas also noch einmal an Jesus: „Ich beschwöre dich beim lebendigen Gott, sag uns, bist du der Messias?"
Und der Herr antwortete: „Du sagst es. Ich bin es."
Da triumphierte der Hohepriester vor den anderen Männern des Hohen Rates: „Wir brauchen keine weiteren Zeugen! Ihr alle habt gehört, wofür er sich hält! Bringen wir ihn zu Pilatus!"
Da Jesus nun abgeführt wurde, konnten einige der Priester und Schriftgelehrten nicht mehr an sich halten in ihrem Haß und bespuckten ihn.
Und die Knechte, zur Erheiterung ihrer Herrn, verhüllten Jesus das Gesicht, schlugen ihn und höhnten: „Zeig, daß du ein Prophet bist und sag, wer dich geschlagen hat!"

LX

Während all dies geschah, wartete ich unten im Hof. Da kam eine der Mägde des Hohepriesters, erkannte mich und sagte: „Du bist doch einer von denen, die mit diesem Jesus von Nazareth zusammen waren!"
Ich leugnete: „Ich weiß nicht, wovon du redest!"
Und ich ging in den Vorhof hinaus, um von ihr in Ruhe gelassen zu werden. Sie ging mir nach und sagte zu denen, die dort standen: „Der gehört zu ihnen!"
Ich leugnete es wieder ab, doch erkannten sie meinen Dialekt und sagten: „Du gehörst wirklich zu ihnen! Du bist doch auch ein Galiläer!"
Da fing ich an zu fluchen und schwor: „Ich kenne diesen Menschen nicht, von dem ihr redet!"
Gleich darauf krähte der Hahn. Und ich erinnerte mich an die Worte, mit denen Jesus mir vorausgesagt hatte, daß ich ihn dreimal verleugnen würde!
Wie grausam spielt doch das Schicksal oft unserem Mut mit! Noch wenige Stunden zuvor hatte ich Jesus gesagt, ich würde lieber sterben,

bevor ich ihn verließe. In Getsemani war ich noch bereit gewesen, mit bloßen Händen gegen einen Haufen bewaffneter Männer für ihn zu kämpfen. Nun aber, da er mir genommen war, hatte ich noch nicht einmal den Mut gefunden, mich vor einer Frau und ein paar harmlosen alten Dienern zu ihm zu bekennen. Nichts war mir mehr geblieben. Nicht der Herr, dem ich gefolgt war, nicht mein Stolz.

Als gebrochener Mann verließ ich den Hof des hohepriesterlichen Palastes und ging zurück zum Ölberg. Dort warf ich mich an der Stelle nieder, wo ich Jesus hatte beten sehen, und weinte mich in den Schlaf wie ein verlassenes Kind.

LXI

Während Jesus von Kaiaphas verhört worden war, hatte Judas in einem Vorzimmer des Palastes gespannt auf das Ergebnis der Befragung gewartet.

Als er dann aber sehen mußte, daß der Herr gefesselt und geschlagen abgeführt und zu Pilatus gebracht wurde, erkannte er endlich, was er doch von Anfang an hätte wissen müssen, daß nämlich der Hohe Rat nichts anderes wollte, als Jesus zum Schweigen zu bringen.

Da reute Judas seine Tat und er lief verzweifelt zu Kaiaphas und den Seinen, um wiedergutzumachen, was er angerichtet hatte. Und er sprach zu ihnen: „Ich habe gesündigt, ich habe euch einen unschuldigen Menschen ausgeliefert!“

Doch sie antworteten nur: „Was geht das uns an? Das ist deine Sache.“

Da warf er ihnen die dreißig Silberstücke, die sie ihm für seinen Verrat gegeben hatten, vor die Füße, lief weg und erhängte sich.

Die Männer des Hohen Rates aber wollten das Geld, das er ihnen zurückgegeben, nicht behalten und es auch nicht dem Tempel stiften, da es Blutgeld war. Und so beschlossen sie, davon einen Acker zu kaufen als Begräbnisstätte für die Fremden, die in Jerusalem starben. Deshalb heißt dieser Acker bis heute Blutacker.

LXII

Den anderen der Jünger Jesu erging es an dem nun anbrechenden Tag seiner Hinrichtung nicht viel besser als mir.

Während wir aber, da wir keine Hoffnung mehr für den Herrn hatten, nur noch mit unserem eigenen Schmerz beschäftigt waren, machten sich die Frauen auf, ihn in seinen schwersten Stunden zu begleiten. Während wir von ihm wegliefen, liefen sie zu ihm hin. Wenn sie ihm auch nicht helfen, sein Leiden nicht lindern konnten, so waren sie ihm doch wenigstens nahe, als sein irdisches Leben auf so grausame Weise gemordet wurde.
Durch sie und einige andere Zuschauer und Beteiligte habe ich auch von den genauen Ereignissen dieses Tages erfahren, so daß ich euch nun davon weitersagen kann.

Hört also den Bericht vom Leiden und Sterben unseres Herrn und Erlösers Jesus Christus.

LXIII

Pontius Pilatus, der römische Statthalter, hatte seinen Regierungssitz in Cäsarea. Während der Pilgerfeste hielt er sich jedoch regelmäßig in Jerusalem auf, um dort eventuelle Aufstände zu vermeiden. Während dieser Tage wohnte er im Stadtpalast des Herodes Antipas.
Bei Sonnenaufgang hielt Pilatus, wie es römischen Recht entsprach, öffentlich Gericht. Sein Richterstuhl wurde auf dem Platz vor dem Herodespalast aufgestellt, und gleich als erstes führten ihm der Hohepriester und die Seinen Jesus vor.
Immer noch gefesselt, und nunmehr von zwei Wachleuten in die Mitte genommen, stand der Herr dem Statthalter des römischen Kaisers gegenüber.
„Welche Anklage erhebt ihr gegen ihn?“, fragte Pilatus die Männer des Hohen Rates.
Und Kaiaphas antwortete: „Er ist ein Aufrührer. In seinen Predigten empört er das Volk gegen uns und auch im Tempel hat er für Unruhe gesorgt.“
„Was habe ich damit zu tun?“, wollte Pilatus wissen.
Und Kaiaphas sprach: „Er behauptet von sich, der Messias zu sein. Du weißt, was das heißt!“
„Laß mich nachdenken. Der Messias ist ein Nachfahre eures großen

König Davids und er wird kommen, euer Volk von uns zu erlösen. Ist es nicht so?"
„So ist es."
„Warum liefert ihr mir dann euren Erlöser aus, anstatt euch zu freuen, daß er endlich gekommen ist?", fragte Pilatus. Denn er erkannte, daß sie Jesus nur anklagten, weil sie ihn loswerden wollten.
Kaiaphas jedoch war auf diesen Einwand vorbereitet gewesen und so antwortete er: „Er behauptet, daß er der Messias sei, wir aber wissen, daß er es nicht ist. Wenn er nun die Menschen gegen Rom aufwiegelt, wird er nur Leid über unser Volk bringen."
„Verstehe. Allerdings sieht er mir nicht wie ein Freiheitskämpfer aus. Keine Waffen, kein Haß in seinem Blick!"
„Sag mir", wandte sich Pilatus da zum ersten Mal an Jesus: „Bist du der Messias, der König der Juden?"
„Vor unser aller Ohren hat er es behauptet!", fiel Kaiaphas ein.
Doch Pilatus sprach: „Ich will es von ihm selber hören."
Noch einmal wandte er sich also an den Herrn: „Bist du der König der Juden?"
Da antwortete Jesus: „Sagst du das von dir aus, oder haben es dir andere über mich gesagt?"
Pilatus lachte voller Widerwillen und sprach. „Bin ich denn ein Jude?"
Ihr müßt nämlich wissen, daß er unser Volk haßte. Daher regierte er uns auch mit brutaler Härte. Hätte er den Anschuldigungen, die gegen Jesus vorgebracht wurden, Glauben geschenkt, würde er keinen Moment gezögert haben, ihn hinrichten zu lassen. Da er sich jedoch nicht zum Vollstrecker des Hohen Rates machen lassen wollte, suchte er nach einer Möglichkeit, Jesus laufen zu lassen.
Dies war jedoch nicht einfach, da die Anklage auf Perduellio, offene Feindschaft gegen Rom, lautete, dem schlimmsten Verbrechen, dessen man sich in den Augen des römischen Imperiums schuldig machen konnte.
So sprach er also zu Jesus: „Die Schriftgelehrten und Priester deines eigenen Volkes haben dich an mich ausgeliefert. Wie du gehört hast, bringen sie schwere Beschuldigungen gegen dich vor. Ich frage dich also zum dritten Mal und rate dir, mir zu antworten: Bist du der König der Juden?"
Und Jesus antwortete: „Mein Reich ist nicht von dieser Welt."

Darüber war Pilatus nun amüsiert und fragte: „Aber du bist doch ein König?“
„Du sagst es“, sprach da der Herr, „ich bin ein König. Ich bin dazu geboren und in die Welt gekommen, für die Wahrheit Zeugnis abzulegen. Jeder, der aus der Wahrheit ist, hört auf meine Stimme.“
Pilatus, nun noch mehr erheitert, wollte wissen: „Was ist Wahrheit?“
Jesus antwortete ihm nicht.
Und der Statthalter sprach zu Kaiaphas: „Ich finde keinen Grund, ihn zu verurteilen.“
Doch der Hohepriester blieb hartnäckig: „Laß dich von ihm nicht täuschen, sondern vertrau unseren Worten! Er wiegelt das Volk auf und verbreitet seine gefährliche Lehre überall im Land! Ganz Galiläa hat er damit schon vergiftet und nun kommt er auch noch hierher!“
Als Pilatus das hörte, fragte er, ob Jesus ein Galiläer sei. Und als er erfuhr, daß es so war, befahl er, ihn zu Herodes zu bringen, damit dieser über seinen Untertan richte.
Die Männer des Hohen Rates waren darüber sehr unwillig, doch vermochten sie nichts gegen diese Entscheidung des Statthalters.

LXIV

Auch Herodes befand sich während der Festtage in Jerusalem, und so wurde Jesus in einen der Gärten des Palastes geführt, damit der Fürst von Galiläa dort über ihn richte.
Im Gegensatz zu Pilatus hatte Herodes schon viel von Jesus gehört. Er wußte von seinen Wunderheilungen und seinen Auseinandersetzungen mit den Pharisäern und hoffte, Jesus sei der wiederauferstandene Johannes.
Als man den Fürsten also weckte und ihm mitteilte, er solle über Jesus von Nazareth richten, sprang er eilends aus dem Bett und lief noch in seiner Schlafkleidung in den Garten.
Er freute sich sehr, als er Jesus sah, ließ seine Fesseln lösen und bat ihn, ein Wunder für ihn zu wirken. Doch Jesus rührte sich nicht. Da wurde Herodes zunächst etwas verunsichert und fragte zaghaft, ob der Herr für ihn predigen wolle. Doch noch immer rührte sich Jesus nicht und tat auch den Mund nicht auf.

Ich bin mir sicher, Herodes hätte ihn laufen lassen, wenn er ihm nur irgend etwas gesagt hätte. Doch der Herr schwieg auf alle Fragen, die der Fürst ihm stellte.
Schließlich wurde Herodes deshalb zornig, beschimpfte und beleidigte Jesus, fand es zuletzt jedoch interessanter, sich über ihn lustig zu machen. Und so ließ er ihm ein weißes, mit Gold besticktes Prunkgewand umhängen, das einst sein Vater der König Herodes getragen hatte.
„Leb wohl, König der Juden", verspottete er ihn, „es war schön, dich kennengelernt zu haben. Auch wenn unsere Unterhaltung etwas einseitig verlaufen ist."
So aber, mit dem königlichen Gewand angetan, schickte er Jesus zu Pilatus zurück.

LXV

Pilatus hatte in der Zwischenzeit drei weitere Männer zum Tode verurteilt, deren Prozesse sich weniger schwierig gestaltet hatten. Zwei von ihnen waren gewöhnliche Verbrecher, ein weiterer, Barabbas, hatte einen römischen Soldaten ermordet, war also nicht nur des Mordes, sondern ebenfalls der Perduellio angeklagt gewesen.
Als Jesus nun zum zweiten Mal dem Statthalter vorgeführt wurde, zeigte sich jener über den Scherz des Herodes amüsiert.
„Na also", sagte er, „jetzt siehst du doch schon eher aus wie ein König."
Doch an Kaiaphas und die Seinen gewand fuhr er fort: „Ihr habt mir diesen Mann hergebracht und behauptet, er wiegele das Volk auf. Ich habe ihn in eurer Gegenwart befragt und die Anklagen, die ihr gegen ihn vorgebracht habt, nicht bestätigt gefunden. Auch Herodes hat ihn uns zurückgeschickt. Ihr seht also, er hat nichts getan, weswegen er mit dem Tode bestraft werden müßte. Daher will ich ihn nur auspeitschen, danach aber laufen lassen."
Und er gab den Befehl, woraufhin die Soldaten dem Herrn das königliche Gewand am Rücken aufrissen und mit der Tortur begannen.
Neununddreißig Mal sauste nun der mit bleiernen Widerhaken besetzte Lederriemen auf den Rücken Jesu nieder. Neununddreißig Mal schlug er auf sein Fleisch, bohrte sich darin fest und riß seine Haut in Fetzen.

Mit schmerzverzerrtem Gesicht, stöhnend, doch die Schreie unterdrückend, sank der Herr in die Knie und fiel schließlich halbohnmächtig vornüber. Doch immer weiter gingen die Schläge auf ihn nieder, bis endlich beim neununddreißigsten Kaiaphas Pilatus bat, er solle es gut sein lassen.

Nach jüdischem Recht ist es nämlich verboten, einen Menschen mehr als vierzig Mal zu peitschen, und da die Schriftgelehrten stets einen Zaun um das Gesetz bauen, um es auch ja nicht versehentlich zu übertreten, lassen sie nie mehr als eben jene neununddreißig Hiebe austeilen.

Die römischen Soldaten zogen Jesus nun wieder hoch und stellten ihn blutüberströmt auf die Beine.

Pilatus, da er ihn sah, sprach beinahe mitleidsvoll: „Seht den Menschen!"

Und er wollte den Befehl geben, daß man ihn freiließe.

Da jedoch drohte ihm Kaiaphas: „Noch einmal sage ich dir, dieser Mann hat sich vor unser aller Ohren als Messias bezeichnet! Er will das Volk gegen Rom aufwiegeln und als König über uns herrschen! Wenn du ihn freiläßt, bist du kein Freund des Kaisers!"

Und diese neuerliche Drohung verfing. Denn Pilatus sah, daß Kaiaphas vor nichts zurückschrecken würde. Und er wußte, daß wenn in Rom verbreitet würde, er habe einen Staatsfeind laufen lassen, so konnte er auf das bloße Gerücht hin seinen Posten, ja vielleicht sogar sein Leben, verlieren.

Es ärgerte ihn jedoch, so von Kaiaphas zu etwas gedrängt worden zu sein, was er ursprünglich nicht hatte tun wollen. Auch hatte seine Frau ihn, als Jesus noch bei Herodes war, gebeten, ihn laufen zu lassen, da sie seinetwegen einen schrecklichen Traum gehabt hatte. Pilatus aber war wie viele mächtige Männer abergläubig. So sprach er also auf seinem Richterstuhl: „Nun gut, ich verurteile ihn." Doch nur um sich unmittelbar darauf zu erheben und an das Volk gewandt, das sich auf dem Platz versammelt hatte, zu verkünden: „Ich habe hier einen Mann, der von mir wegen offener Feindschaft gegen Rom verurteilt wurde! Da ihr aber in diesen Tagen euer Fest begeht, will ich ihn zum Zeichen der Größe und Erhabenheit Roms begnadigen!"

„Wir danken dir, edler Pontius Pilatus", sprach da schnell Kaiaphas, „daß du uns den Barabbas geben willst!"

„Ja, gib uns Barabbas!“, sagten auch die Priester und Schriftgelehrten. Und auch das Volk, das den Soldatenmörder als einen Helden verehrte, schrie: „Gib uns Barabbas!“
Pilatus sah sich überrumpelt. Und seiner Selbstsicherheit beraubt, fragte er ungeschickt: „Was soll ich dann mit jenem tun, den sie euren König nennen?“
Und Kaiaphas sagte mit lauter Stimme: „Kreuzige ihn!“
„Kreuzige ihn!“, forderte daraufhin auch der ganze Hohe Rat.
Und das Volk, das versammelt war, grölte: „Kreuzige ihn!“ Und immer wieder: „Kreuzige ihn!“ Die wenigsten der Leute kannten Jesus überhaupt, doch machte es ihnen Freude, mit der Menge schreien zu dürfen und den Tod eines Menschen zu fordern.
Da sah Pilatus, daß er nichts mehr erreichen konnte. So ließ er sich Wasser bringen, wusch sich die Hände und sagte zu den Priestern und Schriftgelehrten: „Ich bin unschuldig am Blut dieses Menschen. Das ist eure Sache.“
Kaiaphas entgegnete gelassen: „Wenn du meinst. So komme sein Blut eben über uns.“
Darauf ließ Pilatus Barabbas frei und gab den Befehl, Jesus kreuzigen zu lassen.
Auf die Tafel, die jedem Verurteilten vorangetragen wurde, um sein Verbrechen kundzutun, ließ er in lateinischer, griechischer und hebräischer Sprache schreiben: ‚Jesus von Nazareth, König der Juden.‘
Als die Priester und Schriftgelehrten das sahen, forderten sie, er solle schreiben, daß Jesus von sich behauptet habe, er sei der König der Juden.
Pilatus aber, froh über die Möglichkeit zur Rache, sprach: „So, wie ich es habe schreiben lassen, so bleibt es stehen!“

LXVI

Die Soldaten, die den Kreuzigungsbefehl ausführen sollten, trieben, als der Statthalter sich in den Palast zurückgezogen hatte, ihren Spott mit Jesus. Über das zerrissene Gewand des Herodes hängten sie ihm einen Purpurmantel, flochten eine Krone aus Dornen, die sie ihm aufsetzten und gaben ihm einen Stock in die rechte Hand.

Dann fielen sie vor ihm auf die Knie und riefen: „Heil dir, König der Juden!“
Nachdem sie ihn so verhöhnt hatten, spuckten sie ihn an, nahmen ihm den Stock weg und schlugen ihm damit auf den Kopf.
Zuletzt nahmen sie ihm auch den Purpurmantel und das königliche Gewand ab und zogen ihm seine eigenen Kleider wieder an.
Dann legten sie ihm den Balken des Kreuzes auf seine geschundenen Schultern und führten ihn ab.

LXVII

Als der Herr das Kreuz etwa zwei Stadien weit getragen hatte, brach er, geschwächt von den Torturen, die er hatte erleiden müssen und von der schweren Last, die nun auf seinen Schultern lag, zusammen. Die Soldaten, die ihn und die beiden anderen zum Tode Verurteilten zur Hinrichtungsstätte führten, rissen ihn wieder hoch, legten ihm das Holz von neuem auf und stießen ihn weiterzugehen.
Und da, als Jesu Blick auf die Menschen fiel, die seinen Kreuzweg säumten, sah er seine Mutter stehen. Niemand von uns hatte daran gedacht, sie zu benachrichtigen, doch sie hatte gewußt, was sich an diesem Tag, in dieser Stunde, ereignen würde.
Und da stand sie nun, Tränen rannen über ihr Gesicht, doch die Liebe und die Glaubenszuversicht, die von ihr ausgingen, stärkten unseren Herrn. So schleppte er sich weiter fort auf dem Weg seines Leidens, so schritt er weiter voran auf dem Wege seiner Verherrlichung.
Maria, seine Mutter, aber begleitete ihn bis zum Tod. Auch die Frauen, die ihm gefolgt waren, die seine Geißelung und Verurteilung miterlebt hatten, blieben bis zum Ende bei ihm.
Als er nun ein zweites Mal stürzte, da lief eine von ihnen, Veronica, zu ihm und hielt ihm ein Schweißtuch hin, in das er sein Gesicht drückte. Die Soldaten stießen sie zurück, doch ließen sie ihr das Tuch.
Da die Römer nun sahen, daß Jesus mit seinen Kräften am Ende war, und sie fürchten mußten, er könne sterben, bevor sie ihn noch kreuzigten, griffen sie sich einen Mann, der gerade von der Feldarbeit kam, und zwangen ihn, das Kreuz des Herrn ein Stück des Weges für ihn zu tragen. Der Name dieses Mannes war Simon und er stammte aus Cyrene in Afrika. Bis zu diesem Tage hatte er noch nie etwas von Jesus

gehört, doch bekehrten er und seine Söhne Alexander und Rufus sich später zu ihm.
Einige Frauen Jerusalems, die Jesus zwar auch nicht kannten, jedoch von Mitleid erfüllt wurden, als sie ihn sahen, weinten um ihn.
Und der Herr sprach zu ihnen: „Weint nicht um mich, sondern um jene, die mir dies antun!"
Die Soldaten, da sie das hörten, zwangen Jesus, das Kreuz wieder selber zu tragen.
Noch einmal brach er unter dieser Last zusammen, dann aber gelangte er nach Golgotha, wo er hingerichtet werden sollte.

LXVIII

Der Kreuzesbalken wurde auf den Boden gelegt und Jesus, seiner Kleider beraubt, mit ausgebreiteten Armen daran festgebunden.
Dann trieb man ihm Nägel durch die Hände, um seine Qualen noch zu vergrößern.
Der Querbalken des Kreuzes wurde nun am Längsbalken emporgezogen und daran befestigt.
Auch die Füße des Herrn wurden festgebunden und auch durch sie schlug man einen Nagel.
Jesus aber, da man ihm solche Schmerzen bereitete, betete: „Vater, vergib ihnen, denn sie wissen nicht, was sie tun!"
Und über seinem mit der Dornenkrone bekränzten Haupt wurde die Tafel mit der Inschrift des Pilatus befestigt: ‚Jesus von Nazareth, König der Juden.'
Zu seiner Rechten und zu seiner Linken kreuzigte man die beiden Verbrecher, die am selben Tage verurteilt und mit ihm zur Hinrichtungsstätte geführt worden waren.
Die Soldaten nahmen die Kleider Jesu und machten vier Teile daraus, für jeden Soldaten einen. Um sein Untergewand, das von oben her ganz durchgewebt und ohne Naht war, warfen sie das Los.
Viele der Leute, die herbeikamen, um die Kreuzigung zu sehen, verhöhnten Jesus. Sie schüttelten den Kopf und riefen: „Ach, du willst den Tempel niederreißen und in drei Tagen wieder aufbauen? Du willst unser König sein und uns retten? Rette dich doch selber!" Und sie lachten und freuten sich ihre Bosheit.

Die vornehmen Sadduzäer genossen ihren Triumph eher schweigend.
Die Schriftgelehrten und Pharisäer aber riefen: „Du hast gepredigt, auf Gott zu vertrauen, jetzt soll er dir helfen!“
Doch untereinander sprachen sie: „Es ist schon sonderbar. Anderen hat er geholfen, sich selber kann er nicht helfen.“
Auch einer der Verbrecher, die mit Christus gekreuzigt worden waren, verhöhnte ihn. Der andere aber wies ihn zurecht und sagte: „Nicht einmal du fürchtest Gott? Dich hat doch das gleiche Urteil getroffen! Uns geschieht recht, wir erhalten den Lohn für unsere Taten. Dieser Mann hat nichts Unrechtes getan.“
Und zu Jesus sprach er: „Denk an mich, wenn du in dein Reich kommst!“
Da antwortete ihm der Herr: „Noch heute wirst du mit mir dorthin gelangen.“

LXIX

Die Frauen, die nahe des Kreuzes bei Jesus standen, waren: Maria seine Mutter, ihre Schwester, Maria Magdalena, Johanna, Veronica, Salomé, Maria, Frau des Klopas und Mutter des Joel, des Jakob und des Josef, Maria, Schwester des Lazarus sowie die Frau des Zebedäus. Einer ihrer Söhne, Johannes, war der einzige von uns Männern, der es ebenfalls gewagt hatte, zur Hinrichtungsstätte zu kommen. Als er zu den Frauen kam und Jesus am Kreuz leiden sah, da betete er, der beim Einzug des Herrn in Jerusalem die Worte des Lobpreises gesprochen hatte, nunmehr unter Tränen das Gottesknechtlied des Propheten Jesaja:

„Er hat unsere Krankheit und unsere Schmerzen auf sich geladen.
Er wurde mißhandelt und niedergedrückt.
Aber wie ein Lamm, das man zur Schlachtbank führt,
so tat auch er seinen Mund nicht auf.“

Und die Mutter des Herrn weinte an der Brust des Johannes.
Da faßte dieser Jünger sich ein Herz und führte sie und Maria Magdalena ganz nahe an das Kreuz.
Die Soldaten, die eigentlich den Auftrag hatten, die Leute in sicherem

Abstand zu halten, ließen ihn gewähren, da sie Mitleid mit den weinenden Frauen hatten.
Als Jesus die drei nun sah, sagte er zu seiner Mutter: „Frau, siehe dein Sohn."
Und zu Johannes sprach er: „Siehe deine Mutter."
Die leibliche Mutter des Johannes aber, die dies gehört hatte, nickte stumm. Und von jener Stunde an nahm Johannes Maria zu sich.
Trotz all seiner Schmerzen lächelte der Herr, als er Maria Magdalena sah. Sie kniete nieder, küßte seine Füße, benetzte sie mit ihren Tränen und trocknete sie mit ihrem Haar.
Bald darauf hießen die Soldaten die drei, zurückzugehen zu den anderen.

LXX

Als nun die sechste Stunde des Tages anbrach, verfinsterten düstere Wolken die Sonne, und obwohl es hoher Mittag war, schien es als wäre es Nacht. Drei Stunden dauerte diese Finsternis, die letzten drei Stunden im Leben unseres Herrn.
Wie sehr muß er gelitten haben! Der Rücken zerschunden von den Peitschenhieben, das rohe Fleisch ans rauhe Holz des Kreuzes gepreßt! Dornen, die ihm die Kopfhaut aufrissen, Hände und Füße mit Nägeln durchschlagen! Wie viele Schläge auf den Kopf hatte er erleiden müssen, und wie lange hing er nun schon dort mit ausgebreiteten Armen?
Als dann die neunte Stunde kam, schrie er auf: „Mein Gott, mein Gott, warum hast du mich verlassen?"
Und mit versiegender Stimme betete er den 22. Psalm, der mit eben diesem Aufschrei beginnt, doch in der Gewißheit mündet:

„Die ihr den Herrn fürchtet, preist ihn!
Ihr alle vom Stamm Jakobs rühmt ihn!
Erschauert alle vor ihm ihr Nachkommen Israels!
Denn er hat nicht verachtet, nicht verabscheut das Elend des Armen.
Er verbirgt sein Gesicht nicht vor ihm.
Er hat auf sein Schreien gehört."

Und bereits im Todeskampf sprach er: „Mich dürstet."

Die Soldaten jedoch gaben ihm nichts als einen Schwamm mit Essig.
Und da er bald darauf das Ende nahen sah, sagte er dankbar: „Es ist vollbracht."
Und er sah seine Mutter an und nahm mit diesem Blick Abschied von ihr.
Dann erhob er ein letztes Mal seine Stimme und betete: „Vater, in deine Hände lege ich meinen Geist."
Und er neigte sein Haupt und hauchte den Geist aus.

Schwestern und Brüder, kniet mit mir nieder und haltet in Ehrfurcht Stille.

LXXI

Einer der Soldaten wollte sehen, ob Jesus wirklich schon gestorben war und stach ihm mit der Lanze tief in die Seite. Aus der Wunde floß Wasser und Blut.
Und in die Finsternis hinein zuckte ein Blitz und ein fürchterliches Gewitter brach los, das die Erde erbeben ließ.
Die Frauen und Johannes aber hielten beim Kreuz aus.

Der Hauptmann, dessen Diener von Jesus geheilt worden war, hatte von der Kreuzigung des Herrn gehört und war eilends herbeigeritten, um ihn noch einmal zu sehen.
Kurz vor dem Ende traf er ein.
Und da er Jesus so sterben sah, sprach er:
„Wahrhaftig, dieser Mann war Gottes Sohn."

Als Jesus den Geist ausgehaucht, war ein letztes Mal seine wundertätige Kraft von ihm ausgegangen, und der Vorhang, der im Tempel das Allerheiligste verborgen hatte, war mitten entzwei gerissen.
Denn die Gegenwart Gottes unter den Menschen war durch Christus aller Welt offenbar gemacht worden.

LXXII

Ein reicher Jude namens Josef, der aus der Stadt Arimathäa stammte, hatte Jesus im Tempel vom Reich Gottes predigen hören und war tief davon bewegt worden. Als er nun hörte, daß der Herr hingerichtet würde, war er nach Golgotha gegangen, um Zeuge des Unfaßbaren zu werden. Er hatte dort lange unter dem Kreuz gestanden, noch über den Tod Christi hinaus.

Als er nun sah, daß er nichts anderes mehr für den Herrn tun konnte, ging er zu Pilatus und bat ihn, den Leichnam bestatten zu dürfen. Pilatus erteilte ihm die Erlaubnis.

Da Jesus aber an einem Freitag hingerichtet worden und vom Abend dieses Tages bis zum Abend des nächsten die Sabbatruhe galt, war für Josef nun Eile geboten. Er kaufte ein Leinentuch und ging nach Golgotha, um Jesus vom Kreuz abzunehmen.

Die Frauen und Johannes, die dort ausgeharrt hatten, halfen ihm dabei. Und sie legten den geschundenen und zu Tode gequälten Leib des Herrn in den Schoß seiner Mutter, die ihn beweinte.

Die anderen Frauen, allen voran Maria Magdalena, reinigten ihn, so gut es ging vom Blut, denn es war keine Zeit mehr, ihn zu waschen oder zu ölen.

So legten Josef und Johannes den Toten also in das Leinentuch und trugen ihn zu einem Felsengrab in einem nahebei gelegenen Garten.

Die Frauen gaben ihnen das Geleit.

Josef hatte dieses Grab schon vor langer Zeit für sich selber gekauft, da es sein Wunsch gewesen war, in Jerusalem beigesetzt zu werden. Nun aber legte er Jesus dort hinein.

Die Freunde verharrten noch eine zeitlang im Gebet, dann wälzte Josef einen Stein vor den Eingang und sie alle verließen das Grab.

LXXIII

Trauernd, ängstlich und verstört waren die meisten von uns Jüngern der Hinrichtung des Herrn ferngeblieben.

Als dann die Finsternis gekommen war und wir nicht gewußt hatten wohin, waren wir einer nach dem anderen zum Haus des Lazarus gegangen.

Am Abend kamen auch die Frauen und Johannes und berichteten uns, wie sich alles zugetragen hatte.
Es war gekommen, wie der Herr es uns vorhergesagt hatte.
Doch nicht nur von seinem Tod, auch von seiner Auferstehung, hatte er uns gesprochen.
Wir aber fanden keinen Trost, fühlten nichts als Leid und Verzweiflung. Und so schlossen wir die Fenster und die Türen und begruben uns in unserem Leid und in unserer Hoffnungslosigkeit.

LXXIV

Die Nacht auf den Sabbat verging und auch der Sabbat. Eine weitere Nacht zerdehnte sich zur Unendlichkeit, und der Morgen des dritten Tages brach an.
Didymus verließ uns. Er wollte nicht länger die Luft der Stadt atmen, in der man Jesus ermordet hatte. Er wollte zurück nach Galiläa, die Dunkelheit der Trauer zu überwinden. Im Licht der blühenden Landschaft, in der wir mit Jesus gelebt hatten, wollte er die Erinnerung an ihn bewahren.
Noch bevor er uns verließ, waren bereits die Frauen aufgebrochen. Sie hatten wohlriechende Öle bereitet, um damit den Leichnam des Herrn, der so eilig hatte beigesetzt werden müssen, zu salben.
Als die Sonne aufging, kamen sie zum Grab. Noch unterwegs hatten sie überlegt, ob sie stark genug sein würden, den Stein vor dem Eingang zu bewegen. Doch als sie nun dort anlangten und hinschauten, sahen sie, daß er schon weggewälzt war.
Sie wunderten sich und gingen in das Grab hinein. Drinnen sahen sie auf der rechten Seite einen jungen Mann sitzen, der mit einem weißen Gewand bekleidet war. Da erschraken sie sehr. Er sagte zu ihnen: „Erschreckt nicht! Ihr sucht Jesus von Nazareth, den Gekreuzigten. Er ist auferstanden, er ist nicht hier. Seht, da ist die Stelle, wo man ihn hingelegt hatte.
Erinnert euch an das, was er euch gesagt hat, als er noch in Galiläa war: ‚Wisset, daß der Menschensohn vieles wird erleiden müssen von den Sadduzäern ebenso wie von den Schriftgelehrten und Pharisäern. Sie haben mich schon lange verworfen und bald auch werden sie mich töten. Doch trauert nicht um mich, denn am dritten Tag werde ich von

den Toten auferstehen und alles, was ihr bisher noch nicht verstanden habt, werdet ihr dann erkennen.'"
Da erinnerten sie sich dieser Worte Jesu und fragten sich erschrocken, was mit dem Leichnam Jesu geschehen war. Und sie liefen nach Betanien zurück und erzählten uns, was sie erlebt hatten.

LXXV

Unser erster Gedanke als wir von all dem hörten, war, daß die Schriftgelehrten und die Sadduzäer den Leichnam des Herrn aus dem Grab geraubt hätten, damit uns kein Ort blieb, an dem wir ihm ein ehrendes Angedenken bewahren könnten.
Maria Magdalena aber sagte: „Woher wußte der Jüngling von dem, was Jesus nur uns prophezeit hatte?"
„Vielleicht von Judas", vermutete einer.
Doch Maria Magdalena erwiderte: „Er sah nicht aus, wie jemand, der etwas mit den Mördern Jesu zu tun hat. Er sah gütig aus, beinahe wie ein Engel."
„Vielleicht war es ja ein Engel", sagte einer und lachte.
Die Frauen aber nahmen die Magdalenerin in Schutz und Maria, die Mutter des Herrn, die nicht mit zum Grabe gegangen war, sprach: „Warum streitet ihr euch darüber, wer der Jüngling war? Hört auf seine Botschaft: Jesus ist auferstanden!"
Da es seine Mutter war, die so sprach, wagte niemand zu widersprechen, doch vermochte auch niemand ihr zu glauben.
Vielmehr machte sich unter uns die Angst breit, der Hohe Rat könne es nun auch auf unser Leben abgesehen haben. So beschlossen die meisten, das Haus nicht zu verlassen, da sie fürchteten, draußen einem Meuchelmord zum Opfer zu fallen.
Johannes und mich aber hielt es nicht bei den anderen. Wir eilten zum Grab, um herauszufinden, was dort geschehen war.
Und Maria Magdalena begleitete uns.

LXXVI

Als wir ankamen, fanden wir den Stein weggewälzt, wie die Frauen es uns gesagt hatten.

Wir sahen in die Felshöhle hinein, doch war kein Jüngling mehr zu sehen. Dort aber, wo Jesus niedergebettet worden war, lag noch das Leinentuch, in das man ihn eingehüllt hatte. Es war von Spuren krustigen Blutes bedeckt.
Ich ging in das Grab hinein und Johannes folgte mir. Wir sahen uns alles ganz genau an, fanden aber keinen Hinweis auf das, was wohl vorgefallen sein mochte. Nach einer Weile hörten wir, wie Maria, die draußen geblieben war, nach uns rief und eilten zu ihr.
Wir fanden sie strahlend vor Glück und sie jubelte: „Ich habe den Herrn gesehen! Es ist wahr, er ist auferstanden! Ich habe ihn gesehen!"
Und vor Freude erregt erzählte sie uns:
„Als ihr in das Grab gegangen seid, da habe ich mich dort auf diesen Stein gesetzt, weil mir die Tränen kamen. Als ich aber dasaß und weinte, sprach mich jemand an und fragte: ‚Frau, warum weinst du?'
Und ohne aufzusehen antwortete ich: ‚Man hat meinen Herrn weggenommen, und ich weiß nicht, wohin man ihn gelegt hat.'
Und als ich schaute, wer es war, der mit mir sprach, da war es Jesus, der da stand. Doch ich erkannte ihn nicht und hielt ihn für den Gärtner. Und ich sagte zu ihm: ‚Wenn du ihn weggebracht hast, sag mir wohin du ihn gelegt hast. Dann will ich ihn holen.'
Da nannte er mich beim Namen: ‚Maria!', und endlich erkannte ich ihn!
‚Herr!', sagte ich und wollte ihn umarmen.
Doch er sprach: ‚Halte mich nicht fest. Denn ich bin noch nicht zum Vater hinaufgegangen. Verkündige aber allen unseren Schwestern und Brüdern in meinem Namen, daß ich hinaufgehe zu meinem und eurem Vater, zu meinem und eurem Gott.'
Und nachdem er das gesagt hatte, entschwand er meinen Blicken."
Johannes und ich wußten nicht, was wir sagen sollten. War Maria verrückt geworden in ihrem Schmerz? Was hatte sie gesehen und was sich eingebildet? Wie konnte sie einen fremden Mann für Jesus oder wie ihn, wenn er ihr wirklich erschienen war, für einen anderen halten?
„Wohin ist er gegangen?", fragte also Johannes.
Doch Maria antwortete: „Wie ich sagte, er ist meinen Blicken entschwunden. Er war da, doch war er anders, als wir es gewohnt waren, ihn zu kennen. Nicht wie Lazarus, der nachdem Jesus ihn auferweckt, wieder ganz der alte war. Jesus war wirklich tot, ich habe ihn

sterben gesehen. Und ebenso wirklich ist er auferstanden, denn er ist mir erschienen!“
Johannes und ich sahen uns verwundert an und suchten auch, ob wir den Gärtner fänden. Doch es war niemand da.

LXXVII

Als Maria den anderen erzählte, was geschehen war, glaubten sie ihr nicht. Nur einige der Frauen überlegten, ob es nicht doch wahr sein könne. Die Mutter Jesu aber war von Gewißheit erfüllt und freute sich für die Magdalenerin, daß ihr diese Erscheinung zuteil geworden war.
Mir erging es nun wie zuvor Didymus. Ich konnte es in dem Trauerhaus nicht mehr aushalten. Wie gerne hätte ich mich mit dem Freund über das unterhalten, was vorgefallen war, wie gerne seine Meinung gehört. So machte ich mich also auf, ihm zu folgen und hoffte, ihn bald unterwegs einzuholen.
Ich war noch nicht weit gegangen, da hörte ich plötzlich eine Stimme hinter mir: „Du Kleingläubiger, warum zweifelst du?“
Da riß es mich herum und ich sah den Auferstandenen! In demselben strahlenden Glanz stand er vor mir, wie ich ihn einst im Traum neben Moses und Elija hatte stehen sehen. Nur daß er diesmal Wundmale trug an den Händen, an den Füßen und an der Seite. Anders aber als gestern, da er mir vor den Mauern Roms begegnet, leuchteten diese Male noch nicht wie Edelsteine, sondern waren blutrot und feucht.
Ich sank vor ihm auf die Knie und stammelte: „Herr!“
Da fragte er mich: „Simon, liebst du mich?“
Ich antwortete: „Ja, Herr! Du weißt, daß ich dich liebe!“
Und er sprach: „Dann weide meine Lämmer. Nicht umsonst habe ich zu dir gesagt: ‚Du bist Petrus, der Fels.‘ Auf diesem Felsen werde ich meine Kirche bauen. Keine Macht auf Erden wird sie überwinden. Geh also und verkündige deinen Schwestern und Brüdern, daß ich auferstanden und dir erschienen bin.“
Und er entschwand meinen Blicken. Ganz so wie Maria Magdalena es beschrieben hatte, war es auch nun. Jesus war bei mir gewesen, doch nicht so, wie wir es gewohnt waren, ihn zu kennen.
Ich eilte zurück zum Haus des Lazarus, um allen zu erzählen, was mir widerfahren war.

LXXVIII

Da die Jünger nun auch aus meinem Munde hörten, was uns zuvor bereits Maria Magdalena berichtet hatte, begannen sie sich zu fragen, ob es nicht wahr und der Herr wirklich auferstanden sein könnte.
Während wir aber noch darüber redeten, trat Jesus selber auf einmal in unsere Mitte und sprach: „Der Friede sei mit euch."
Da erschraken die, denen er zuvor noch nicht erschienen war und hatten große Angst.
Er sagte zu ihnen: „Was seid ihr so bestürzt? Warum laßt ihr in euren Herzen solche Zweifel aufkommen? Seht doch, ich bin es!
Wie lange war ich bei euch? Habt ihr denn nichts verstanden von dem, was ich euch gesagt habe? Glaubt an mich! Denn wer an mich glaubt, der glaubt an den, der mich gesandt hat, und wer mich sieht, der sieht den, der mich gesandt hat. Ich bin das Licht, das in die Welt gekommen ist, damit jeder, der an mich glaubt, nicht in der Finsternis bleibt. Erinnert euch unseres letzten Abendmahles und feiert es zu meinem Gedächtnis. In acht Tagen werde ich wieder bei euch sein."
Mit diesen Worten entschwand er und niemand, der ihn gesehen hatte, zweifelte mehr.

LXXIX

Kurz bevor ich zu den Jüngern zurückgekehrt war, hatten sich zwei von ihnen auf den Weg nach Emmaus gemacht. Es lag etwa sechzig Stadien von Jerusalem entfernt, war also bequem während eines Tages zu erreichen.
Unterwegs sprachen diese beiden über die Ereignisse der letzten Tage. Und während sie so redeten, kam Jesus hinzu und ging mit ihnen. Doch wie schon zuvor Maria Magdalena erkannten auch sie ihn nicht.
Jesus fragte sie: „Was sind das für Dinge, über die ihr da redet?"
Sie blieben traurig stehen und der eine von ihnen, Klopas, der Mann einer der Frauen, die unter dem Kreuz gestanden hatten, sprach: „Hast du denn noch nichts über Jesus von Nazareth gehört? Und nichts darüber was mit ihm geschehen ist?"
Jesus fragte: „Nein, was denn?"
Und sie antworteten: „Er war ein Prophet, der uns die Frohe Botschaft

vom Anbruch der Gottesherrschaft gebracht und viele Wunder gewirkt hat. Unsere Priester und Schriftgelehrten aber haben ihn von den Römern zum Tode verurteilen und ans Kreuz schlagen lassen. Dabei hatten wir gehofft, er sei der Messias, der Israel erlösen werde. Heute ist schon der dritte Tag, seitdem er gestorben ist. Doch denk dir, einige Frauen aus unserem Kreis waren heute Morgen an seinem Grab und fanden seinen Leichnam nicht. Als sie zurückkamen, erzählten sie, es sei ihnen ein Engel erschienen und hätte gesagt, er lebe. Nun befürchten wir, daß man seinen Leib geraubt hat und auch uns ermorden will. Während allerdings die meisten anderen zusammengeblieben sind und sich eingeschlossen haben, hielten wir es für sicherer, die Stadt zu verlassen."

Da sagte Jesus zu ihnen: „Ihr scheint nicht viel von dem begriffen zu haben, was euer Herr euch gelehrt hat. Und offensichtlich fällt es euch auch schwer, das zu glauben, was die Propheten über ihn gesagt haben. Heißt es nicht beispielsweise bei Jesaja:

‚Gott fand Gefallen an seinem zerschlagenen Knecht,
er rettete den, der sein Leben als Sühneopfer hingab?'

Und hat euch nicht euer Herr gedeutet, warum er diesen Tod sterben mußte, aber gleichzeitig gesagt, daß er am dritten Tag von den Toten auferstehen würde? Warum fällt es euch dann so schwer, der Botschaft, die die Frauen gebracht haben, zu glauben?"

Und während Jesus so mit ihnen sprach, erkannten sie ihn noch immer nicht, wurden jedoch sehr bewegt von seinen Worten. Und er fuhr fort ihnen darzulegen, wie sich alle Verheißungen, die an Abraham und seine Nachkommen ergangen waren, in ihm erfüllten, und wie die Worte der Propheten, die uns so schwer verständlich erschienen waren, alle auf ihn hingedeutet hatte.

So kamen sie schließlich in Emmaus an, und Jesus tat, als wolle er sich verabschieden.

Sie aber baten ihn: „Willst du nicht bei uns bleiben? Der Tag hat sich schon geneigt und es wird bald Abend werden."

So blieb er also und kehrte bei ihnen ein.

Als sie bei Tisch saßen, nahm er wie bei unserem letzten Abendmahl das Brot, sprach den Lobpreis, brach es und gab es ihnen. Da endlich

gingen ihnen die Augen auf und sie erkannten ihn. Doch im selben Augenblick entschwand er ihren Blicken, ebenso wie zuvor den unseren.
Sie aber sagten zueinander: „Brannte uns nicht das Herz in der Brust, als er unterwegs mit uns redete und uns den Sinn der Heiligen Schriften deutete?“
Und es hielt sie nicht länger in Emmaus, sondern sie brachen auf und kehrten umgehend nach Jerusalem zurück.
Spät in der Nacht kamen sie bei uns an, erzählten alles, was ihnen widerfahren und freuten sich, daß der Herr auch uns erschienen war.

LXXX

Am nächsten Morgen machte ich mich auf, um Didymus zu suchen, denn ich wollte, daß er die Frohe Botschaft von der Auferstehung des Herrn aus meinem Munde erfahre.
Und obwohl er sich einen Tag zuvor auf den Weg gemacht hatte, holte ich ihn noch am ersten Abend ein. Denn er war mit dem müden Schritt eines gebrochenen Mannes gegangen, ich aber beflügelt von dem Glück, das uns zuteil geworden war.
Als ich Didymus nun erzählte, was sich ereignet hatte, da weinte er und sprach: „Wie sehr ihr ihn geliebt habt, daß ihr solche Dinge seht.“
Ich entgegnete ihm: „Glaubst du etwa, wir hätten uns das nur eingebildet? Er war wirklich in unserer Mitte!“
Doch Didymus antwortete: „Du weißt, daß ich an die Auferweckung glaube, Simon, an das ewige Leben unserer Seelen. Ich kann mir aber nicht vorstellen, daß wir nach unserem Tod wie Gespenster durch die Welt geistern. Sicher, ich habe ähnliches schon von anderen Verstorbenen gehört, doch vermute ich, daß solche Erlebnisse auf die Einbildung der Hinterbliebenen zurückzuführen sind. Sie wünschen sich so sehr, den Verstorbenen noch einmal bei sich zu haben, daß es ihnen dann tatsächlich irgendwann so erscheint, als sähen sie ihn. Wenn mehrere Menschen, die denselben Wunsch haben, beieinander sind, empfinden sie solche Visionen sogar noch wirklicher als einer allein.“
„So, du kannst es dir nicht vorstellen, daß der Herr uns in Wahrheit erschienen ist! Hättest du dir denn jemals vorstellen können, daß ein

Aussätziger von einem Moment auf den anderen von seiner Krankheit geheilt wird? Und hast du es nicht selber mit deinen eigenen Augen gesehen? Didymus, du warst es doch, der gesagt hat, daß es in der Schöpfung vieles gibt, was uns bislang noch unbekannt und unerklärlich ist. Ich sage dir: Ich habe Jesus gesehen, und es war nicht bloß eine Einbildung. Komm mit mir zurück nach Jerusalem, dann wirst du es in wenigen Tagen selber erleben!“

„Nun gut“, sprach da Didymus, „ich komme mit dir. Denn ich freue mich, daß ihr die Trauer überwunden und neuen Lebensmut gefunden habt. Vielleicht ergeht es mir in eurem Kreise ja genauso.“

„Aber daß der Auferstandene uns erschienen ist, glaubst du mir nicht?“, fragte ich ihn.

Und mit seinem gebildeten und nachsichtigen Lächeln antwortete er mir: „Nicht eher bis ich ihn selber sehe und meine Finger in die Male der Nägel und meine Hand in seine Seite lege.“

LXXXI

Acht Tage nach der Auferstehung des Herrn lagen wir alle gemeinsam zu Tisch. Wir waren zurückgekehrt in den Saal des letzten Abendmahls und hielten uns dort von nun an ständig auf.

Nachdem wir gegessen hatten, nahm ich das Brot und sagte zu den anderen: „Erinnert ihr euch, was er zu uns gesagt hat?“

Und wie Jesus es getan hatte, brach nun auch ich das Brot, reichte es den anderen und wiederholte dazu die Worte des Herrn: „Nehmt und eßt alle davon. Das ist mein Leib, der für euch hingegeben wird.“

Dann nahm ich den Kelch, legte segnend meine Hände darüber und betete: „So nahm er nach dem Mahle den Kelch, sprach das Dankgebet, reichte ihn uns und sagte: ‚Das ist mein Blut, das für euch und für alle vergossen wird zur Vergebung der Sünden. Tut dies zu meinem Gedächtnis.’“

Und ich trank aus dem Kelch und reichte ihn den anderen.

Da wir aber das Brot gegessen und aus dem Kelch getrunken hatten, spürten wir in unseren Herzen, daß Jesus gegenwärtig war.

Und plötzlich sahen wir ihn auch. Obwohl die Fenster und Türen fest verschlossen waren, trat er in unsere Mitte und sprach: „Friede sei mit euch.“

Und zu Didymus sagte er: „Strecke deine Finger aus, hier sind meine Hände! Strecke deine Hand aus und lege sie in meine Seite! Und sei nicht ungläubig, sondern gläubig!"
Didymus erhob sich, trat auf Jesus zu, kniete vor ihm nieder und seufzte: „Mein Herr und mein Gott!"
So wurde ausgerechnet er, der nicht glauben wollte, daß uns der Auferstandene erschienen war, zum ersten seiner Jünger, der seine Göttlichkeit erkannte und aussprach. In vielen seiner Worte hatte Jesus uns darauf hingewiesen, daß er der Sohn Gottes, und daß der Vater und der Sohn eins sei. Wir aber hatten nur in unseren Träumen seine Göttlichkeit bekannt und vor Didymus hatte sie nur ein Tobsüchtiger und ein römischer Hauptmann ausgesprochen.
Doch sagte der Herr nun zu seinem Jünger: „Weil du mich gesehen hast, glaubst du. Selig sind, die nicht sehen und dennoch glauben."
Und er nahm sich ein Stück gebratenen Fisch, aß davon, legte die Gräten zurück und entschwand.

LXXXII

Auch an den folgenden vier Sonntagen erschien uns Christus regelmäßig, da wir das Mahl feierten. Ich will euch gleich davon berichten. Zuvor aber sollt ihr wissen, daß er sich außer uns auch noch sehr vielen anderen Menschen zeigte, alles in allem etwa fünfhundert!
Die meisten von ihnen hielten sich in Galiläa auf und wußten zum Zeitpunkt der Erscheinung noch gar nicht, daß Jesus gestorben, geschweige denn, daß er auferstanden war.
Viele behielten das, was sie erlebt hatten, zunächst für sich, andere erzählten es herum in ihren Städten. Wieder andere, die wußten, daß wir in Jerusalem waren, kamen zu uns, um uns von dem, was ihnen widerfahren, zu berichten.
Natürlich sprachen wir alle in jener Zeit und auch noch später sehr viel darüber, was die Erscheinungen des Herrn zu bedeuten hatten und wie wir sie uns erklären sollten. Auf der einen Seite war ja klar, daß Jesus nicht vom Tod ins irdische Leben zurückgekehrt war. Denn sein Leib nahm verschiedene Erscheinungsformen an und kam und ging, ohne daß man wußte wie. Doch war er auch nicht wie eine Fata Morgana, denn eine solche ißt keine Fische.

Ebensowenig wie wir uns die anderen Wunder Christi erklären konnten, wußten wir nun zu sagen, wie er uns nach seinem Tod in dieser Weise erscheinen konnte. Doch sahen wir, daß er da war, und wir erkannten auch die Zeichenhaftigkeit dieses Wunders. Durch Christi Auferstehung wurde uns allen zur Gewißheit, daß Gott den Menschen nicht im Tode läßt, sondern daß er ihn als die Person, die er zuvor war, ins ewige Leben ruft.
Auch über das leere Grab machten wir uns natürlich unsere Gedanken, doch glaubte kaum noch jemand, daß Christi Leichnam geraubt worden sei. Sein verstorbener Körper mußte sich zu der Leibseele verwandelt haben, die uns erschien.
Und wenn dies auch nicht unser aller unmittelbare Zukunft sein sollte, denn unsere Körper verfallen ja im Tod zu Staub, so ließ uns dieses wunderbare Ereignis doch erkennen, daß nicht nur die Seele eines jeden Menschen zu ewigem Leben erweckt werden wird, sondern daß tatsächlich, wie Didymus es einmal vermutet hatte, die ganze Schöpfung nicht der Vergänglichkeit anheimfallen, sondern dereinst zur Vollendung gelangen soll.

LXXXIII

Als Jesus uns das nächste Mal erschien, sprach er:
„Ich habe euch die Vergebung Gottes verkündigt. Vergebt aber auch ihr einander, wie euch vergeben wurde. Denn das Haus meines Vaters ist ein Haus des Friedens und der Eintracht, es duldet keinen Streit. So ist es also notwendig, daß ihr euch untereinander aussöhnt.
Allen, denen ihr die Sünden vergebt, sind sie vergeben, denn Gott hat ihnen bereits vergeben. Allen aber, denen ihr sie nicht vergebt, sind sie nicht vergeben. Denn auf euch kommt es an!
Alles, was ihr dem geringsten eurer Brüder tut, daß habt ihr auch euch selber und das habt ihr Gott getan. Seid also barmherzig, wie auch Gott barmherzig ist, damit sein Reich unter euch gegenwärtig wird und ihr die Vollendung schaut.“
Dann eine Woche später sprach er:
„Ich habe euch den Anbruch der Gottesherrschaft verkündigt und bin euch zum Zeichen der Liebe des Allmächtigen geworden, die stärker ist als der Tod.

Geht also ihr nun hin zu allen Völkern und macht alle Menschen zu meinen Jüngern. Tauft sie im Namen des Vaters und des Sohnes und des Heiligen Geistes. Und lehrt sie, alles zu befolgen, was ich euch geboten habe.
Seid gewiß. Ich bin bei euch alle Tage bis zum Ende der Welt."

Und wieder eine Woche später fügte er hinzu:
„Da ich euch, die ihr an mich glaubt, aussende in die Welt, die von der Sünde beherrscht wird, sende ich euch wie Schafe mitten unter die Wölfe. Gebt auf euch acht, daß man euch nicht zerreißt, gebt aber vor allem acht, daß ihr nicht selber zu Wölfen werdet. Damit euch dies gelingt, seid klug wie die Schlange und bleibt dabei so arglos wie die Taube.
Doch wenn ihr auch diesen meinen Rat befolgt, so wird es euch nicht erspart bleiben, daß man euch vor Gerichte zerren und euch Unrecht antun wird. Wenn ihr aber angeklagt werdet, so macht euch keine Sorgen, wie und was ihr reden sollt, denn es wird euch in jener Stunde klar werden. Solange ihr treu seid im Glauben und euch ein reines Herz bewahrt, könnt ihr gar nichts falsches sagen oder tun, sondern alle eure Taten werden wahr und richtig sein."

Dann abermals acht Tage später sprach der Herr:
„Ich werde euch den Beistand senden, den Geist der Wahrheit. Er ist aus mir und dem Vater hervorgegangen vor aller Zeit und er wird von dem, was mein ist, nehmen und es euch verkünden.
Ich werde von heute an nur noch einmal in eurer Mitte erscheinen. Trefft euch am fünften Tag im Garten Getsemani. Dort werdet ihr mich sehen, bevor ich zum Vater heimkehre."

LXXXIV

Und es geschah, wie Jesus verheißen hatte. Wir trafen uns am fünften Tag nach seiner letzten Erscheinung, zehn Tage vor dem jüdischen Pfingstfest, im Garten Getsemani.
Er trat dort in unsere Mitte und sprach:
„Geht nicht weg von Jerusalem, bevor ihr die Verheißung des Vaters, die ihr von mir vernommen, empfangen habt. Johannes hat nur mit

Wasser getauft, ihr werdet in wenigen Tagen mit heiligem Geist getauft werden. Empfangt seine Kraft und bezeugt meine Frohe Botschaft überall auf dem Erdkreis!“
Und als er dies gesagt hatte, hob er sich eine Handbreit vom Boden empor, verharrte dort eine Weile, und während er dann weiter nach oben zu steigen schien, entschwand er unseren Blicken.
Von diesem Tage an habe ich ihn bis gestern, da er mich hieß nach Rom zurückzukehren, nie wieder gesehen.
Wann immer wir aber nach seiner Himmelfahrt in seinem Namen versammelt waren, war er mitten unter uns.

LXXXV

Schwestern und Brüder im Herrn!
Hört die Frohe Botschaft und laßt euch von ihr verwandeln! Bewahrt sie in euren Herzen und verkündet sie der ganzen Welt: Jesus Christus, der Sohn des allmächtigen Gottes, ist Mensch geworden!
Empfangen vom Heiligen Geist und geboren aus der Jungfrau Maria hat er unter uns gelebt und den Anbruch der Gottesherrschaft verkündet. Für uns Menschen und zu unserem Heil hat er sein Kreuz auf sich genommen, ist gestorben und begraben worden.
Doch am dritten Tage ist er auferstanden von den Toten, ist zunächst der Maria Magdalena, dann mir, dann allen seinen Aposteln und hunderten seiner Jüngerinnen und Jünger erschienen.
Vor unseren Augen ist er aufgestiegen in die Herrlichkeit seines Vaters und hat uns, wie er es verheißen hat, seinen Heiligen Geist gesandt, der uns in der Wahrheit unterweist.
Wir sind seiner Sendung nachgekommen und haben euch sein Evangelium verkündet. Auf unser Zeugnis hin habt auch ihr zum Glauben gefunden und seid nun selbst berufen, ihn zu bewahren und weiterzutragen.
Vieles könnte ich euch noch darüber berichten, wie es war, als wir Jünger, wenige Tage nach der Himmelfahrt Christi, zum ersten Mal die Kraft des Heiligen Geistes in uns spürten, und wie wir damit begonnen haben, das Wort Gottes zunächst in Jerusalem, dann in Israel und bald darauf auf dem ganzen Erdkreis zu verkündigen. Vieles könnte ich euch über die Wunder berichten, die auch wir im Namen Gottes

gewirkt haben, vieles über die Begeisterung wie auch über die Ablehnung, die uns überall entgegengeschlagen sind, wo wir den Auftrag des Herrn erfüllend die Frohe Botschaft verkündigt haben. Doch nur noch wenig Zeit bleibt mir, denn schon hat sich über Rom die Sonne erhoben, und nicht mehr lange wird es dauern, bis man uns in die Arena führen und um unseres Glaubens willen hinrichten wird.

Seid aber getrost und trauert nicht um uns, denn der, dessen Sohn für uns Mensch geworden ist, der himmlische Vater, der den am Kreuz verherrlichten Christus von den Toten auferweckt hat, er wird auch uns die Vollendung schauen lassen.

Der gute Samen, der ausgesät wurde, er hat schon lange reiche Frucht gebracht und er wird auch weiterhin üppig reifen, egal wie viele von uns man um des Bekenntnisses wegen noch ermorden wird.

Denkt allezeit daran, daß die Liebe und die Wahrheit, so schwach sie auch oft erscheinen mögen, stärker sind als die Dummheit und der Haß, und daß jeder Mensch, der liebt und von der Wahrheit Zeugnis gibt, strahlt wie ein helles Licht, das selbst eine große Finsternis erleuchtet.

Und da ich euch mit den letzten Worten, die ich an euch richte noch einmal an die kostbare Offenbarung erinnern möchte, die uns durch Jesus Christus zuteil geworden ist, will ich es auch nicht versäumen, euch daran zu erinnern, daß euch der Glaube gegeben wurde, damit ihr ihn gemeinsam lebt. Denn nur indem ihr teilt und mitteilt, was ihr empfangen habt, werdet ihr es wirklich besitzen. Erinnert euch stets an das, was euch in Wort und Schrift von Christus überliefert worden ist, tauscht eure Gedanken darüber aus, lernt von denen, die euch voraus gegangen sind, wie auch von denen, die sich anderenorts zu demselben Herrn bekennen wie ihr. Das Geheimnis Gottes offenbart sich denen, die sich ihm öffnen, und wer die Frohe Botschaft annimmt wie ein Kind, für den wird das Reich Gottes schon hier und heute anbrechen.

Christus aber, der im Namen des Vaters zu uns gekommen ist, um uns die Frohe Botschaft zu bringen, Christus, der, weil er geliebt und von der Wahrheit Zeugnis abgelegt hat, von der Bosheit jener, die seine Erlösung ablehnten, gekreuzigt wurde, Christus ist von den Toten auferstanden uns allen zum Zeugnis für seine göttliche Sendung!

Glaubt an sein Evangelium und bleibt in diesem Glauben, damit ihr Leben habt in Fülle und das Böse keine Macht über euch gewinnt!

Kommt alle zu Christus, die ihr euch plagt und die ihr schwere Lasten zu tragen habt, er wird euch Ruhe verschaffen! Kommt alle zu ihm, die ihr euch lahm und blind, die ihr euch taub und stumm, die ihr euch unrein und besessen, ja die ihr euch lebendig begraben fühlt! Kommt zu ihm, denn er wird euch heilen!
Lernt von ihm, denn er ist gütig und von Herzen demütig! Bei ihm werdet ihr Ruhe finden für eure Seelen!
Ich habe euch verkündigt, was ich von ihm empfangen habe. Nun aber neigt sich meine Zeit ihrem Ende zu und es bleibt mir nichts, als euch ein letztes Mal zu segnen:
Geliebte Schwestern und Brüder, der allmächtige Gott hat sich eurer erbarmt. Er schaut auf euch voller Liebe und Barmherzigkeit. So glaubet an ihn und vertrauet ihm. Liebet einander, so wie er euch liebt, und bleibet alle Zeit in der Zuversicht auf das Leben der kommenden Welt.
Im Namen des Vaters und des Sohnes und des Heiligen Geistes.
In Ewigkeit.
Amen.

LXXXVI

Schwestern und Brüder, Simon, der Fischer aus dem Dörfchen Kafarnaum im fernen Galiläa, Simon, der von unserem Herrn Jesus Christus den Beinamen Petrus erhalten hat, und der tatsächlich zum Felsen geworden ist, auf dem unsere Kirche fest gegründet steht, Simon Petrus, dessen letzte Worte an die christlichen Gemeinden ich euch zugesandt habe, er lebt nicht mehr.
Vor wenigen Tagen wurde er gemeinsam mit vielen anderen, die sich wie er zu Christus bekannten, auf grausame Weise im Zirkus niedergemetzelt. Einige unserer Martyrer sind in Tierfelle eingenäht worden, um dann in der Arena von Hunden zerrissen zu werden. Andere wurden ans Kreuz geschlagen und wieder andere nach Einbruch der Dunkelheit als lebende Fackeln verbrannt. Unvorstellbare Grausamkeiten sind von ihren Folterern erdacht worden, um Nero und das römische Publikum auf diese Weise zu erheitern.
Doch regte sich unter den Zuschauern auch Mitleid, ja Bewunderung, für unsere Schwestern und Brüder, die, wie alle wußten, unschuldig am Brand Roms waren, die sich aber nicht zum Haß gegenüber ihren

Verleumdern und Mördern hinreißen ließen, sondern ihr grausames Geschick stolz und mutig, voller Vertrauen auf ihren Erlöser, erduldeten.

Den ganzen Tag hindurch mußte Petrus ihre Leiden mitansehen, war er doch einer der letzten, die hingerichtet wurden. In der dunklen, nur von den brennenden Leibern der Martyrer erleuchteten Arena sollte er gekreuzigt werden.

Doch sprach er: „Nein, nicht so! Ich habe es nicht verdient, auf dieselbe Weise sterben zu dürfen wie unser Herr!"

Und lachend erfüllten ihm seine Mörder diesen Wunsch, da sie ihn mit dem Kopf nach unten hängend ans Kreuz schlugen.

So fand Petrus einige qualvolle Stunden später den Tod.

Wir haben seinen Leichnam nahe der Stelle, an der er sein Martyrium erlitt, auf dem vatikanischen Friedhof beigesetzt und halten sein Grab in hohen Ehren.

Nach dem Ende der blutigen Spiele hörte übrigens auch die Verfolgung der Christen auf, so daß nun viele Glieder unserer Gemeinde, die sich in Sicherheit hatten bringen können, wieder in die Stadt zurückkehren. Wir haben bereits damit begonnen aufzubauen, was zerstört wurde und setzen auch das Werk der Verkündigung weiter fort. Durch die mutige und glaubensvolle Haltung unserer Martyrer haben wir viel Sympathie unter den Römern gewonnen und ihre Neugierde auf unsere Lehre wurde geweckt.

Mir, Linus, war von Petrus, bevor er die Stadt verlassen wollte, im Beisein einiger anderer Getaufter für die Zeit seiner Abwesenheit die Leitung der Gemeinde anvertraut worden. Da er nun für immer von uns gegangen ist, hat man mich dazu bestimmt, dieses Amt auch weiterhin auszuüben.

In den Jahren, in denen Petrus bei uns war, habe ich ihm mit Freude gedient und vieles von ihm erfahren und gelernt. So will ich euch in der nächsten Zeit einmal schreiben, was er euch so gerne noch selber mitgeteilt hätte, wie nämlich das Wort des Herrn in den ersten Jahren und Jahrzehnten nach seiner Himmelfahrt von seinen Jüngern in der ganzen Welt verbreitet wurde. Auch von Paulus, der ebenfalls in Rom, oder genauer gesagt unmittelbar vor den Mauern der Stadt, das Martyrium erlitten hat, habe ich manches hierüber erfahren und will es euch gerne weitergeben.

Für heute aber schließe ich diesen Brief, den euch Simon, der Fels, gesandt und dem ich nur dieses letzte Kapitel hinzugefügt habe, um euch über seinen Heimgang in Kenntnis zu setzen.
Lassen wir uns sein Martyrium wie auch die Martyrien aller Schwestern und Brüder, die mit ihm gelitten haben, ein Beispiel sein für die Kraft, die uns der Glauben an das Evangelium Jesu Christi schenkt. Nicht nur er, der Sohn Gottes, war stark genug, um der Wahrheit willen, die zu bezeugen er in die Welt gekommen, das Leid auf sich zu nehmen, sondern auch einfache Menschen vermochten es im Glauben an ihn.
Wenn Christus uns aber die Kraft verleiht, so zu sterben, um wieviel mehr können wir dann von ihm lernen, zu leben wie es seiner Botschaft entspricht!
Auch darin waren uns die Martyrer stets ein leuchtendes Vorbild und ihr frommes und gottgefälliges Leben wollen wir ebenso ehren wie ihren tapferen Tod. Laßt uns ihnen also nacheifern im Glauben, in der Liebe und in der Hoffnung!
Dazu verhelfe uns der allmächtige Gott, der Vater, der Sohn und der Heilige Geist.
Amen - so sei es!

Thomas Schatten
Die Max
Düsseldorf, 1997.
256 Seiten.
ca. 200 meist farbige Abb.; DM 38.-
ISBN 3-9805688-1-4.

„Die wechselvolle 350jährige Geschichte der „Max“ wie Düsseldorfer gerne die Kirche am Rande der Altstadt nennen, stellt Theologe und Publizist Thomas Schatten jetzt in einem lesenswerten, reichhaltig bebilderten Buch vor.“ (Welt am Sonntag)

„ ... ein einfühlsames Porträt der Kirche und der Menschen um sie herum.“ (Neue Rhein Zeitung)

„Amüsant und lehrreich.“ (Rheinische Post)

„Max-Kirche zum Lesen.“ (Westdeutsche Zeitung)

„ ... ein spannendes 256-Seiten-Werk über Stadt- und Kirchengeschichte.“ (Express)

Thomas Schatten
Pastor Jääsch
Düsseldorf, 1998.
136 Seiten.
ca. 50 Abb.; DM 29,80
ISBN 3-9805688-3-0

„Leben und Wirken von „Pastor Jääsch“ werden in einem reich illustrierten Buch von Thomas Schatten nacherzählt ... So findet der aufopferungsvolle Einsatz des Gefangenenseelsorgers für seine „Halunken“ ebensolche Beschreibung wie sein Düsseldorfer Mutterwitz und seine trinkfeste Lebensfreude.“

(Kirchenzeitung Köln)

Das vorliegende Buch ist auch in gebundener Form erhältlich

Thomas Schatten
Jesus Christus
Düsseldorf, 1997.
192 Seiten. DM 39,80
ISBN 3-9805688-2-2.